초등영어

어떻게 가르칠까?

초등영어
어떻게 가르칠까?

| 김현진 지음

책을 쓰면서

우리나라에 초등영어가 정규 교과목이 된지 벌써 20년이 지났다. 사람으로 치면 이제 성년의 나이이다. 그 사이 몇 차례 교육과정이 개정되고 교과서도 바뀌었다. 초등학교에서 영어가 처음 가르쳐지기 시작했을 때보다 읽기와 쓰기의 비중이 커졌지만, 영어 의사소통능력을 목표로 하는 듣고 말하기 중심의 수업이라는 큰 틀에는 변함이 없다. 초등영어가 정규 교과목으로 채택된 시기를 전후해서 우리나라 영어교육이 확실히 변화되었음은 분명하다. 저자가 대학 강단에서 첫 강의를 시작한 1989년부터 지금까지 가르쳐온 대학생들을 쭉 비교해보면 영어 실력이 크게 변화되어왔다. 초등영어를 배운 세대와 그 이전 세대 간에 영어를 듣고 말하는 능력에 차이가 있음을 실감한다. 영어교육 현장에서 의사소통을 강조한 만큼 학생들의 영어 의사소통능력은 향상된 것이다. 초등영어교육의 힘이다.

이 책은 외국어 교수법을 초등영어지도 내용 및 방법과 관련지어 설명한 것이 특징이다. 초등영어를 지도하기 위해서는 기존의 다양한 외국어 교수법을 공부하는데 그치서는 안 되며 이를 교과서 중심의 수업에 어떻게 적용해야 하는지 익혀야 한다. 이러한 점에서 이 책은 예비교사들에게 필요한 내용을 담고자 했다. 또 이 책을 쓰면서 예비교사들만이 아니라 현재 초등학교에서 영어를 가르치거나 가르치는데 관심이 있는 분들도 염두에 두었다. 이 책을 통해 예전에 배웠던 외국어 교수법들을 쉽게 정리해보고 학교 현장에서 가르치는 교과서와 관련지어볼 수 있도록 하였다.

　그래서 이 책은 다음과 같이 구성된다. <1장 외국어 지도의 내용과 방법>에서는 외국어로서 영어를 가르치는데 기본적으로 알아야 할 교수법, 수업 내용 구성 방식, 수업의 절차, 수업 지도안 작성에 대해 꼭 필요한 최소한의 내용만을 담았다. 2장부터 5장까지는 듣기, 말하기, 읽기, 쓰기 지도에 대한 내용을 다음과 같은 구성으로 제시하였다. 각 장의 1절에서는 각 언어 기능을 이해하는데 기본이 되는 이론 내용을 예시와 함께 쉽게 풀어서 설명하였고, 각 언어 기능을 가르치는 것이 어떤 점에서 중요한지를 강조하였다. 2절에서는 각 기능을 지도할 때 고려해야 할 사항들을 1절의 내용을 바탕으로 선별하여 제시하였다. 3절에서는 여러 외국어 교수법 중에서 해당되는 언어 기능과 관련된 부분을 위주로 초등영어수업을 예시로 들면서 지도 절차를 비교적 자세히 설명하였다. 4절에서는 초등영어 교과서 한 단원을 예시로 하여 각각 듣기, 말하기, 읽기, 쓰기 활동의 지도 절차를 제시하였다. 6장과 7장은 각각 어휘 지도와 문법 지도에 대한 내용으로 구성 방식은 2장~5장과 동일하다. 우리나라 초등영어 교과서가 듣기, 말하기, 읽기, 쓰기 등 언어 기능을 중심으로 구성되다보니 어휘와 문법은 크게 강조되지 않는다. 하지만 어휘와 문법은 영어라는 언어를 구성하는 두 개의 큰 축이므로 이를 효과적으로 지도하는 방법과 절차를 예시와 함께 제시하였다.

 이 책은 교육대학교에서 예비영어교사들에게 영어 지도 방법을 가르치면서 저자가 수업한 내용을 일부 정리하여 쓴 것이다. 또 1장의 일부와 3장의 일부는 저자가 다른 저자들과 함께 공동 저술한 [영어 수업 지도안 작성의 이론과 실제]에서 저자가 집필한 내용을 담고 있다. 모든 내용을 독자가 읽고 이해하기 쉽게 쓰려고 노력하였다. 책에 수록한 예시들은 주로 초등영어 대상이지만 전체적으로는 외국어로서의 영어 지도에 대한 기본적인 내용을 알기 쉽게 풀어낸 책이다. 따라서 영어 교육에 관심이 있는 모든 독자들에게 이 책이 유용한 자료가 되기를 바라는 마음이다. 끝으로 책을 쓰는 동안 원고 정리를 도와주고 삽화를 그려준 딸 상아에게 감사한다. 그리고 이 책을 출간하는데 애써주신 한국학술정보(주)에 감사드린다.

2017년 봄을 맞으며
서초동 서재에서

Part 5 쓰기 지도

Part 1

외국어 수업의
내용과 방법

1. 외국어 수업 방법[1]

　외국어 교수법이란 외국어 교사가 자신의 언어와 학습에 대한 신념에 기초하여 교실에서 외국어를 지도하기 위해 행하는 일련의 절차를 말한다. 지난 세기까지 가장 널리 그리고 가장 오래 사용되었던 교수법은 텍스트를 번역하고 문법을 가르치는 것을 골자로 하는 문법번역식 교수법(grammar-translation method, GTM)이었다. 이 교수법은 1950년대와 1960년대에 이르러 청화식 교수법(audiolingual method, ALM)의 도전을 받았다. 일명 군대식 교수법(army method)이라고도 불리는 이 교수법은, 행동주의 학습 이론(behavioristic learning theory)과 구조주의 언어학(structural linguistics)에 기반을 두고 모방(imitation)과 반복(repetition)을 통해 외국어라는 새로운 습관을 형성(habit formation)하는 것을 목표로 하며 말하기 훈련과 연습에 주력하였다.

　1960년대에 들어 행동주의 이론과 구조주의 언어학이 학습 과정과

---

1) 1절 외국어 수업 방법과 3절 외국어 수업 절차의 일부 내용은 "영어 수업지도안 작성의 이론과 실제"에서 저자가 집필한 부분을 발췌한 것이다.

언어의 본질을 제대로 반영하지 못한다는 평가를 받으면서, 인지주의 심리학과 Chomsky의 변형생성문법(transformational-generative grammar) 이론이 발달하게 되었다. 이에 따라 청화식 교수법은 비판을 받고 인지 코드 학습법(cognitive code learning)이 개발되었다. 언어 학습을 습관의 형성이 아니라 적극적인 정신적 과정으로 가정하는 인지 코드 학습법에서는, 학습자들이 귀납적 추론을 통해 스스로 문법 규칙을 발견해내는 수업 활동이 사용되었다. 그러나 이 교수법의 파급력은 그 이전의 문법번역식 교수법이나 청화식 교수법에 비해 크지 않았다.

1970년대에 이르기 전까지는 여전히 문법번역식 교수법과 청화식 교수법이 주를 이루었다. 이 두 교수법은 각각 문자언어와 음성언어 즉 글과 말을 중시한다는 차이가 있었지만 공통점도 있었다. 문법번역식 교수법이 외국어 문법 규칙을 학습하고 외국어 텍스트를 모국어로 번역하는 것을 주로 가르쳤다면 청화식 교수법은 대화문을 반복하여 듣고 따라 말하는 훈련을 위주로 가르쳤다. 하지만 둘 다 문법 또는 언어 구조를 외국어 학습의 기본으로 여기는 언어 형태 중심의 교수법이었다.

1970년대에는 사회언어학이 발달하면서 언어에 대한 대대적인 재평가가 이루어졌고, 언어 개념에 대한 변화는 외국어 교수법의 변화를 가져왔다. 언어는 더 이상 문법, 어휘, 음운 규칙들의 집합체가 아니라 의미를 표현하는 수단으로 평가되었으며 이러한 개념의 재정립은 외국어 교수방법론에 지대한 영향을 끼친 것이다. 그 결과 의사소통중심 교수법(communicative language teaching, CLT)이라는 새로운 교수방법론이 탄생하였다. 의사소통중심 교수법은 언어의 형태(form)와 정확성(accuracy)보다는 언어의 의미(meaning)와 유창성

(fluency)에 더 무게를 두며 교실에서 의사소통을 경험할 수 있는 방식으로 외국어 수업을 진행하였다. 과업중심 교수법(task-based language teaching, TBLT)도 넓은 의미의 의사소통중심 교수법에 속한다. 이 교수법은 실생활에서 다양한 의사소통 활동들을 수행하는데 외국어를 사용할 수 있도록 학습자들을 훈련시키기 위해서는, 학습자들이 교실에서 경험하는 것과 교실 밖에서 경험할 것으로 기대되는 것 간에 확실한 연관성이 있어야 한다고 보았다. 따라서 교실 밖 실생활에서 하게 되는 다양한 경험들을 수업용 과업으로 만들어 이를 학습자들이 교실에서 경험하며 외국어를 사용하도록 하였다.

2. 외국어 수업 내용의 구성

외국어 수업의 내용 구성 방법은 수업의 중심이 언어의 어떤 측면에 있는가에 따라 달라진다. 수업에서 중요하게 다루어지는 언어 항목이 학습 단위가 되고 학습의 내용을 선정 및 배열하는 기준이 된다. 이렇게 외국어 수업의 내용을 선정하고 순서를 정하는 내용 구성을 교수요목(syllabus)이라고 한다.

문법(grammar) 또는 언어 구조(structure)를 학습 내용의 기본 단위로 한 내용 구성을 문법중심 교수요목(grammatical syllabus) 또는 구조중심 교수요목(structural syllabus)이라고 한다. 이 방식은 문법 항목들을 가르칠 내용으로 선정하고 항목의 문법적 복잡성(grammatical complexity)에 따라 가르칠 순서를 정한다. 문법번역식 수업과 청화식 수업에서 가르칠 내용을 구성하는 방식이다.

의사소통기능(function or communicative function)[2]을 학습 단위로 하고 의사소통기능의 필요와 빈도수(frequency)를 기준으로 학습 내용을 선정하고 배열하는 구성을 기능중심 교수요목(functional syllabus)이라고 한다. 의사소통 상황에서 언어를 통해 표현하고자 하는 다양한 화자의 의도들을 구분하고 분류하여 이 의사소통기능에 따라 가르칠 내용을 구성하는 것이다. 의사소통중심의 외국어 수업에서 이와 같은 기능중심 교수요목을 수업 내용의 구성 원리로 사용한다.

과업중심 교수법(task-based language teaching)은 이전의 교수법과는 달리 문법이나 의사소통기능 등 언어 항목을 학습 단위로 하지 않고, 언어를 사용하여 수행하는 과업을 학습의 단위로 한다. 일상생활에서 언어를 사용하여 수행하는 활동이나 행동에 대해 필요 분석을 하고 이를 학습해야할 목표 과업 목록으로 작성을 한다. 작성된 과업들을 유형별로 분류한 뒤 가르칠 과업을 선정하고 배열하여 외국어 수업 내용을 구성하는 것이다. 이를 과업중심 교수요목(task-based syllabus)이라고 한다.

3. 외국어 수업의 절차

외국어 수업이 진행되는 절차는 크게 두 가지 방식으로 구분된다.

---

2) 의사소통기능은 요청하기(requesting), 초대하기(inviting), 제안하기(making suggestions), 충고하기(advising), 인사하기(greeting), 소개하기(introducing), 비교하기(comparing) 등 다양한 화자의 의도를 말한다.

전통적인 제시-연습-발화의 순서를 따르는 방식과 별도의 연습 단계 없이 곧바로 의사소통에 참여하게 하는 방식이다. 전자를 'presentation', 'practice', 'production' 또는 'performance'의 첫 자를 따서 PPP 접근법이라 하고 후자를 과업중심 접근법(task-based approach)이라고 한다. 모든 수업은 도입-전개-정리 단계로 이루어지는데, 전개 단계의 수업 내용 구성과 방법에 따라 PPP 접근법이나 과업중심 접근법으로 수업이 진행된다.

3.1 PPP 접근법

PPP 접근법에 따른 수업은 수업의 도입부에 교사가 학습자들에게 그 날의 수업 목표를 언급한 뒤, 내용을 제시(presentation)하고 학습자들에게 연습(practice)을 시킨 뒤 학습자 스스로 배운 언어를 사용해볼 수 있는 기회(production or performance)를 제공하는 순서로 이루어진다. 제시 단계에서는 학습할 어휘와 문장이 포함된 대화문이나 글을 제시한다. 연습 단계에서는 대개의 경우 전 단계에서 제시한 언어 표현을 정확하게 익히도록 연습을 시킨다. 교사가 연습을 주도하기도 하고 학습자들이 둘씩 짝을 지어 짝 활동으로 연습하기도 한다. 산출 또는 수행 단계에서는 학습자들이 연습한 표현의 유창성과 자발적 사용 능력을 기를 수 있도록 다양한 활동에 참여하게 한다. 보통 학습자들이 그룹을 지어 게임, 역할 놀이(role-play), 정보 차(information gap), 조사(survey) 활동 등에 참여하며 연습한 표현을 발화해볼 기회를 갖게 된다.

말하기 수업의 경우, 교사가 수업의 어느 부분에 강조점을 두는가에 따라 세 단계에 배분되는 시간은 달라질 수 있다. 교사 중심 말하기 수업의 경우에는 제시 단계와 연습 단계가 산출 단계보다 길어질 것이다. 연습 단계에서도 말하기 연습은 교사의 통제하에 일제식으로 이루어진다. 청화식 말하기 수업은 세 단계 중에서 두 번째 연습 단계가 가장 강조되는 수업으로 다양한 말하기 훈련이 이 단계에서 벌어지게 된다. 청화식 수업에서 제시 단계는 연습 단계와 거의 맞물려 짧게 지나가고 발화 산출 단계에서도 학습자들이 서로 간에 상호작용을 하며 의미 협상을 하는 의사소통 활동은 거의 이루어지지 않는다. 학급 규모가 크거나 한 차시분 학습 내용이 많거나 말하기 교육을 경시하는 전통적인 교실 수업의 경우에는 발화 산출 단계가 거의 없거나 생략되기도 한다. 전통적인 수업의 틀을 유지하면서 의사소통중심 교수법을 가미하는 방식을 취하거나 의사소통의 테두리 안에서 학습자들의 안전한 말하기 수행을 지향하는 경우에는 세 개의 단계에 비교적 고르게 시간 배분이 이루어 질 것이다. 반면, 실제 상황에서의 의사소통능력을 강조하는 의사소통중심의 수업에서는 제시 단계와 연습 단계에 비해 산출 단계의 중요성이 훨씬 크며 이에 따라 상당 시간이 산출 단계에 할애된다.

PPP 접근법에 따른 말하기 수업을 그림으로 표현하면 다음과 같다.

<PPP 접근법에 따른 말하기 수업 절차>

도입(introduction)

전개(development)
  1. 제시(presentation)
    교사의 수업 내용 제시
  2. 연습(practice)
    정확성(accuracy)을 위한 연습
  3. 산출/수행(production/performance)
    유창성(fluency)을 위한 언어 사용

정리(closing)

각 단계에서 학습자가 발화하게 되는 양을 그림으로 나타내면 다음과 같다. 제시와 연습 단계를 거쳐 산출 단계로 갈수록 학습자들의 발화 기회는 많아지며 발화 양도 늘어나게 된다.

<PPP 수업에서의 단계별 학습자 발화 양>

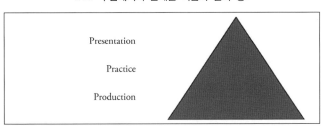

3.2 과업중심(task-based) 접근법

과업중심 접근법에 따른 수업은 하나의 과업을 수행하는 것을 중심으로 과업 전(pre-task)-과업 수행(task)-과업 후(post-task)-언어 포커스(language focus) 단계로 구성된다. 수업의 도입부에서 교사가 그날의 수업 목표를 제시한 뒤에 수업이 시작된다.

1) 과업 전 단계(pre-task stage)

이 단계에서 교사는 본격적인 과업 수행 이전에 과업에 필요한 정보와 자료를 학습자들에게 안내한다. 또한 과업 수행 절차를 시범으로 보여주거나 과업을 수행한 뒤 산출되는 결과물을 예시로 보여줄 수도 있다.

2) 과업 수행 단계(task stage)

이 단계에서는 학습자들이 그룹이나 짝을 지어 과업 수행 계획을 세우고 활동을 시작한다. 학습자들이 과업을 수행하는 흐름과 필요에 맞게 표현을 자발적이고 즉각적으로 사용하는 것이 중요하다. 따라서 교사는 언어 표현에 오류가 있더라도 개입하여 이를 수정하는 등 과업 수행의 흐름을 방해하지 않아야 한다. 다만 표현상의 문제가 과업 수행을 방해하거나 영향을 끼치는 경우에는 개입하여 도움을 줄 수 있다. 여러 학습자들이 지속적이고 체계적으로 범하는 오류는 과업 수행 후 바로 잡는다.

3) 과업 후 단계(post-task stage)

이 단계는 그룹별로 수행한 결과물을 발표하고 공유하는 단계이다. 이때 학습자들이 자신이 속한 그룹의 발표뿐만 아니라 다른 그룹의 발표에도 집중하며 서로 결과를 공유할 수 있는 장치를 마련해 주어야 한다. 이러한 결과물 발표 및 공유 과정을 통해 학습자들은 자신의 메시지를 효과적으로 전달하고 이해시키며 타인의 메시지를 경청하고 이해하여 자신의 것과 통합하면서 의사소통능력을 발전시킬 수 있게 된다.

4) 언어 포커스 단계(language focus stage)

이 단계는 과업 수행 중 발생한 학습자들의 오류를 중심으로 회상적인 방식을 취하여 언어 표현을 지도하거나 연습시키는 단계이다. 학습자들의 오류 수정 및 재교육의 필요에 따라 이 단계에 배분되는 시간은 달라진다.

과업을 중심으로 수업이 이루어지기 때문에 학습자들이 이미 학습한 표현을 과업 수행에 적극 활용하도록 과업을 계획하는 것이 바람직하다. 말하기 수업마다 모두 PPP 수업방식을 적용할 필요가 없듯이 모든 말하기 수업에 과업중심 수업방식을 적용할 필요는 없다. 새로운 단어와 문장으로 말하기 지도를 하는 경우 PPP 수업으로 진행하다가 단원의 마지막 말하기 차시에서 과업중심 수업을 적용할 수도 있다. 이렇게 하면 단원의 마지막 말하기 차시에서는 앞 차시에서 학습한 표현들을 학습자들이 자연스럽게 과업에 적용할 수 있게 된다. 이 경우 과업 전 단계에서는 표현을 상기시키는 수준으로 간략하게 지나가도 충분하며 교사나 학습자 모두 심리적으로 말하기 오류에 대한 큰 걱정 없이 과업중심 수업에 임할 수 있다.

그런가하면 오류를 통한 말하기 학습을 중요하게 생각하는 경우에는 해당 단원의 말하기 첫 차시부터 바로 과업중심 수업을 적용할 수도 있다. 교사는 과업에 대한 기본적인 안내만을 제공하고 과업을 수행하는 동안 필요한 표현을 학습자들이 궁리하고 짜내면서 산출하게 한다. 이 과정에서 학습자들이 새로운 표현의 학습 필요성을 절실히 느끼게 할 수 있다. 이러한 경우에는 과업 수행을 마친 뒤에 학습자들의 오류와 필요를 중심으로 집중적으로 지도하면 된다. 하지만 이렇게 진행한 수업에서 과업 수행 중에 오류가 지나치게 많이 산출된다면, 과업 완료와는 별개로 완전히 성공적인 말하기 수업이라고 보기는 어렵다.

과업중심 접근법에 따른 말하기 수업을 그림으로 표현하면 다음과 같다.

<과업중심 접근법에 따른 말하기 수업 절차>

도입(introduction)

전개(development)

  1. 과업 전(pre-task) 단계
     과업 수행에 필요한 안내
  2. 과업 수행(task) 단계
     과업 계획 및 수행 중 언어 사용의 유창성이 목표
  3. 과업 후(post-task) 단계
     결과 발표 중 언어 사용의 유창성이 목표
  4. 언어 포커스(language focus) 단계
     사용한 언어에 대한 정확성이 목표

정리(closing)

각 단계별로 학습자들의 발화 기회의 양을 그림으로 나타내면 다음과 같다. 과업 수행 단계에서 가장 발화가 많이 이루어지고, 언어 포커스 단계에서 학습자들의 발화 양은 가장 적어진다.

<과업중심 수업에서의 단계별 학습자 발화 양>

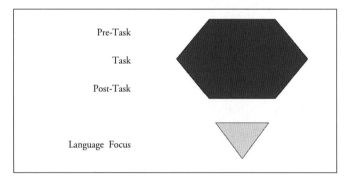

4. 수업 지도안 작성

수업을 단원별로 진행하는 경우 수업 지도안(lesson plan)은 단원 전체 지도안(unit plan)과 차시별 지도안으로 나뉜다. 단원 전체 지도안은 한 단원에 대한 계획을 한눈에 알아볼 수 있게 작성하는 것으로 단원 전체의 목표, 차시별 내용 및 활동의 배분, 평가 및 지도상의 유의점 등을 포함한다. 차시별 지도안은 한 차시 수업의 목표, 해당 차시의 내용 및 수업 절차, 평가 및 지도상의 유의점 등을 작성한 것이다. 다음은 초등영어 국정 교과서 3학년 7단원의 수업 지도안을 영어로 작성한 것이다.

Unit Plan

Grade 3 Unit 7 I Like Apples		
Objectives	Listening	1. The students will be able to listen to and understand expressions for food they like or don't like. 2. The students will be able to listen to and understand expressions for asking and answering about food they like. 3. The students will be able to listen to and understand expressions for agreement.
	Speaking	1. The students will be able to express which food they like or don't like. 2. The students will be able to ask and answer about food they like or don't like. 3. The students will be able to express agreement with others.
Functions		1. Expressing likes and dislikes (Do you like apples? I like/don't like apples.) 2. Expressing agreement (Me, too.)
Structures		Do you like _____? I like/don't like _____.
Vocabulary		do, grape, like, lunch, time, too, yes

Period	Stages	Learning Activities
1st	Look & Listen (1) Listen & Repeat (1) Let's Play (1)	Watch and listen to the dialog. Listen and repeat. Play a rock-scissors-paper game.
2nd	Look & Listen (2) Listen & Repeat (2) Let's Chant Let's Play (2)	Watch and listen to the dialog. Listen and repeat. Sing a chant. Play a food guessing game.
3rd	Look and Speak Let's Sing Let's Play (3)	Look at the pictures and speak. Sing a song "I Like Apples". Do a food survey.
4th	Let's Role-play Let's Review	Role-play "Dinosaur and the Primitive Family" Review

Notes:

1. Have students create different expressions by using the words of fruit and real objects around.
2. Evaluate listening/speaking ability and affective factors by observing the survey during the 2nd period.

Lesson Plan (Period 1)

Unit 7	I Like Apples	Period	1st
Objectives	1. The students will be able to listen to and understand expressions for food they like or don't like. 2. The students will be able to express which food they like or don't like by using "I (don't) like _____." 3. The students will be able to say expressions confidently in a rock-scissors-paper game.		
Functions	Expressing likes and dislikes		
Structures	I like/don't like _____.		
Vocabulary	do, grape, like, lunch, time, too, yes		
Materials	CD-rom, teacher's picture cards, student's picture cards		

Procedures

Stages	Teaching - Learning Activities	Teaching Aids/ Comments	Time Allotment
Introduction	Greetings Warm-up: Listen and point to fruit pictures Review: Unit 6 (commands) Announce today's activities	Teacher's picture cards	5
Development	1. Look and Listen (1) - Look at the picture. - Let's watch the screen. - Let's listen to the dialog. - Let's listen again.	CD-rom	10
	2. Listen and Repeat (1) - Let's watch the screen. - Listen and repeat. - Let's practice.	CD-rom Teacher's picture cards	10
	3. Let's Play (1): Play a rock-scissors-paper game. - Let me show you how to play the game. - Let's play the game.	Teacher's picture cards Student's picture cards	12
Consolidation/ Closing	Review Homework		3

Lesson Plan (Period 2)

Unit 7	I Like Apples	Period	2nd
Objectives	1. The students will be able to listen to and understand expressions for asking and answering about food they like. 2. The students will be able to listen to and understand expressions for agreement. 3. The students will be able to ask and answer about food they like by participating in a food guessing game.		
Functions	1. Expressing likes and dislikes 2. Expressing agreement		
Structures	Do you like _____? I like/don't like _____.		
Vocabulary	do, grape, like, lunch, time, too, yes		
Materials	CD-rom, teacher's picture cards, student's picture cards		

Procedures

Stages	Teaching - Learning Activities	Teaching Aids/ Comments	Time Allotment
Introduction	Greetings Warm-up: Listen and point to food pictures Review: Guessing food Announce today's activities	Student's picture cards	5
Development	1. Look and Listen (2) - Look at the picture. - Let's watch the screen. - Let's listen to the dialog. - Let's listen again.	CD-rom	9
	2. Listen and Repeat (2) - Let's watch the screen. - Listen and repeat. - Let's practice.	CD-rom Teacher's picture cards	9
	3. Let's Chant: "Do You Like Chicken?" - Listen to the chant. 2. Let's chant.	CD-rom	3
	4. Let's Play (2): Play a food guessing game. - Let me show you how to play the game. - Let's play the game.	Student's picture cards	12
Consolidation/ Closing	Review Homework		2

Lesson Plan (Period 3)

Unit 7	I Like Apples	Period	3rd
Objectives	1. The students will be able to make a dialog appropriate to the situation. 2. The students will be able to sing a song "I Like Apples". 3. The students will be able to do a survey about food their friends like.		
Functions	Expressing likes and dislikes		
Structures	Do you like _____? I like/don't like _____.		
Vocabulary	do, grape, like, lunch, time, too, yes		
Materials	CD-rom, teacher's picture cards, students' cards		

Procedures

Stages	Teaching - Learning Activities	Teaching Aids/ Comments	Time Allotment
Introduction	Greetings Warm-up: Listen and do Review: Guessing food Announce today's activities	Students' cards	3

Development	1. Look and Speak
	  - Let's listen to Dialog 1.
	  - Let's listen to Dialog 2.
	  - Let's look and speak.
		CD-rom	10

	2. Let's Sing: "I Like Apples"
	  - Listen to the song.
	  - Let's sing together.
		CD-rom	5

	3. Let's Play (3): Do a food survey
	  - Let me show you how to play the game.
	  - Let's play the game.
		Survey sheet (Textbook)	20

Consolidation/ Closing	Review Homework		2

Lesson Plan (Period 4)

Unit 7	I Like Apples	Period	4th
Objectives	1. The students will be able to ask and answer about food they like in a role-play. 2. The students will be able to listen to the dialogs and understand which food others like and don't like. 3. The students will be able to express likes according to the situation. 4. The students will be able to express likes and agreement in a real situation.		
Functions	1. Expressing likes and dislikes 2. Expressing agreement		
Structures	Do you like _____? I like/don't like _____.		
Vocabulary	do, grape, like, lunch, time, too, yes		
Materials:	CD-rom, teacher's picture cards		

Procedures

Stages	Teaching - Learning Activities	Teaching Aids/ Comments	Time Allotment
Introduction	Greetings Warm-up: Listen and do Review: Review the sentences Announce today's activities	Teacher's picture cards	5
Development	1. Let's Role-play: "Dinosaur and the Primitive Family" - Let's look at the pictures. - Let's watch the screen. - Look and say. - Let's role-play.	CD-rom	20
	2. Let's Review - Listen and check the food Minsu likes and doesn't like. - Look at the pictures and make a dialog. - Use expressions in a real situation.	CD-rom	12
Consolidation/ Closing	Review Homework		3

Part 2

듣기 지도

1. 듣기 기능의 이해

　언어를 학습할 때 듣기의 중요성이 크다. 학습자는 듣기 기능을 통해 필요한 언어를 축적하여 언어 자원을 늘려 나가기 때문이다. 이러한 의미에서 듣기 입력은 언어 학습에 반드시 필요한 부분이다. 언어 학습에서 듣기의 중요성을 강조하는 교수법 중 하나인 청화식 교수법(audiolingual method)에서는 듣고 따라 말하기를 통해 언어가 학습된다고 한다. 행동주의 학습이론[3]에 기반하는 이 청화식 교수법에서는 학습자가 듣기와 따라 말하기(모방)를 반복적으로 함으로써 새로운 언어 체계를 구축하게 한다. 따라서 이 교수법에서는 정확하게 듣는 것과 정확하게 따라 말하는 것이 매우 중요하다. 또한 청화식 교수법에서는 언어 학습의 첫 단계에서부터 듣기와 말하기가 동시에 강조된다. 그런데 언어 습득에 대한 연구를 보면 언어 습득의 첫 단계에서부터 듣기와 말하기가 동시에 이루어지는 것은 아니다.

---

[3] 1940-50년대에 주를 이루었던 행동주의 학습이론에 따르면 학습에는 자극이 주어져야하고 이 자극에 뒤따르는 학습자의 반응에 대해 피드백이 주어지는 일련의 과정이 반복됨으로써 학습이 이루어진다고 한다.

언어 습득에 대한 연구는 모국어 습득과 제2언어 습득 간에 많은 유사성이 있음을 밝혀내었다. 어린 아기가 모국어를 배울 때 태어나면서부터 바로 언어를 말하기 시작하는 것이 아니라 태어난 지 약 1년 정도가 되었을 때 비로소 말을 하기 시작한다. 그런데 태어나서 처음 말을 시작할 때 까지 아무런 언어활동을 하지 않는 것이 아니라 주변 환경으로부터 끊임없이 언어를 듣고 이해하는 과정을 거치는 것이다. 따라서 언어를 습득하기 위해서는 이렇게 언어를 충분히 듣고 이해하며 언어 자원을 길러 나갈 수 있는 침묵 기간(silent period)이 필요한 것이다. 모국어 습득에서 듣기는 말하기를 비롯한 다른 언어 기능들보다 선행한다.

Krashen은 제2언어 학습에서도 듣기가 중요함을 강조하였다. 그는 제2언어 학습이 모국어 습득과 마찬가지로 학습자가 자연스러운 언어 사용 환경에 충분히 노출되었을 때 자연스럽게 이루어진다고 하였다. 그는 자신의 제2언어 습득 이론인 자연 접근법(natural approach)을 주장하면서 5가지 가설4)을 내세웠는데 이 가설들 중에서 듣기의 중요성과 관련된 것이 입력 가설(input hypothesis)이다. 입력 가설에 따르면, 학습자에게 그의 현재 언어 수준보다 약간 웃도는 수준의 언어를 들려주어야 그 언어를 이해할 수 있으며 이렇게 조금씩 언어

---

4) Krashen의 5가지 가설은 다음과 같다. 1. 습득/학습 가설(acquisition/learning hypothesis): 습득과 학습은 구분된다. 실생활 속에서 자연스럽게 언어를 의사소통의 목적으로 사용하며 터득하는 과정은 습득이며, 학과목으로서 의식적으로 언어를 배우는 과정은 학습이다. 2. 자연 순서 가설 (natural order hypothesis): 언어의 습득은 언어 항목이 인위적으로 제시되는 순서와 관계없이 모든 학습자에게 공통된 보편적인 순서로 이루어진다. 3. 입력 가설(input hypothesis): 학습자의 현재 언어 수준을 약간 웃도는 이해 가능한 입력을 제공해야 습득이 이루어진다. 4. 정의적 필터 가설(affective filter hypothesis): 비위협적인 환경에서 정의적인 필터의 높이가 낮아져야 언어 습득이 이루어지며 불안감이 상승하여 정의적 필터의 높이가 높아지면 언어 습득은 어려워진다. 5. 모니터 가설(monitor hypothesis): 언어 형태에 대한 모니터의 사용이 과도하게 이루어지면 발화가 억제되며 언어 습득이 더디어진다.

수준을 높여나가는 일련의 과정을 통해 언어를 습득할 수 있다는 것
이다. Krashen은 학습자의 현재 언어 수준을 i, 그 수준을 약간 웃도
는 수준을 $i + 1$로 나타내었고, 이렇게 학습자의 현재 언어 수준을
약간 웃도는 입력을 이해 가능한 입력(comprehensible input)이라고
하였다. 학습자가 듣고 이해할 수 있는 수준의 언어 즉 이해 가능한
입력을 들려주어야 학습자가 그 입력을 듣고 이해하며 언어를 점진
적으로 습득하게 된다는 의미이다. 이를 그림으로 나타내면 다음과
같다.

그렇다면 현재 수준과 그보다 약간 높은 수준 간의 차이에 해당하
는 언어는 학습자가 어떻게 이해할 수 있을까? Krashen은 그 차이에
해당하는 언어를 상황 맥락을 통해 이해할 수 있다는 입장이다. 즉
학습자 자신이 알고 있는 것을 약간 넘어서는 부분은 상황 맥락 단
서(contextual clues)를 통해 어렵지 않게 추측하여 이해할 수 있으며
상황 맥락을 근거로 자신의 추측이 맞는지 그른지 판단할 수 있다는
의미이다.

이해 가능한 입력을 듣고 이해하며 언어를 습득하는 과정을 예를
들어보면 다음과 같다. 학습자가 "Look at the cars." "This is a car."

"Point at the car."라는 문장의 의미를 알고 이해한다고 가정해보자.
(이 표현들이 학습자의 현재 언어 수준 '*i*'가 된다.) 교사가 이 학생에게 빨간색 자동차, 노란색 자동차, 파란색 자동차가 각각 그려진 그림 카드 세 장을 차례로 보여주며 다음과 같이 말한다.

> T: Look at the cars.
> This is a **red** car.
> Point at the **red** car.
> This is a **yellow** car.
> Point at the **yellow** car.
> This is a **blue** car.
> Point at the **blue** car.

이 경우 학습자의 현재 언어 수준과 약간 웃도는 수준 간의 차이 즉 +1에 해당하는 것은 진한 글씨로 표현된 "red, yellow, blue"이다. 이 표현들은 상황 맥락 즉 그림 카드에 그려진 세 가지 색깔의 자동차들을 보며 그 의미를 추측할 수 있으므로 위에서 교사가 학습자에게 한 말들은 이해 가능한 입력이 되는 것이다. 학습자는 교사의 지시에 따라 해당 자동차를 손가락으로 가리켰을 때 나타나는 교사의 반응을 근거로 자신의 이해가 맞는지 그른지를 판단할 수 있게 된다. 이와 같은 과정을 지속적으로 거치면서 학습자의 언어 수준은 계속 높아지고 학습자의 언어는 발달하게 된다.

Asher도 자연스런 언어 학습에서 듣기가 다른 언어 기능보다 선행한다는 점에 착안하여 전신반응 교수법(total physical response, TPR)을 창시하였다. TPR 교수법에서는 학습자들이 교사가 하는 일련의 명령을 듣고 그 명령에 신체적으로 반응을 하는 활동을 통해 언어를 학습하게 한다. 이 방법도 자연 접근법과 유사하게 상황 맥락 속에서 언어를 듣고 그 의미를 상황 맥락 단서에 근거하여 추론해내는 인간의 능력을 기반으로 한다. TPR 활동에서 학습자는 교사의 언어를 잘 듣고 이해한 내용을 신체로 표현하는 것이며 기본적으로 말하기나 읽기나 쓰기가 요구되지는 않는다. 이런 점에서 TPR은 제2언어 학습에서 듣기의 중요성을 강조한 교수법이라고 할 수 있다.

2. 듣기 지도에서 고려할 사항

바로 앞 절에서 듣기의 중요성을 논의하였는데, 이를 바탕으로 하여 듣기 지도에서 고려해야 할 사항을 다음과 같이 제안할 수 있다.

2.1 침묵 기간: 듣기에 집중하는 시간을 부여하라

학습자에게 침묵 기간을 보장하여야 한다. 듣기 지도를 할 때에는 학습자들이 언어 입력에 충분히 집중하여 주의를 기울이고 받아들이며 이해할 수 있도록, 동시에 말하기를 요구함으로써 듣기 활동을 방해하지 않아야 한다. 대화문을 들려주고 이를 이해했는지 확인하는 방법으로서 질문에 말로 답하게 하기보다는 제스처나 OX 카드를 들어 반응하게 할 수 있다.

2.2 언어 입력을 학습자의 수준에 맞추어라

들기 입력 자료는 학습자의 현재 언어 수준을 고려하여야 한다. 따라서 수업시간에 들려줄 자료를 준비할 때 학습자의 수준을 미리 파악하는 것이 필수적이다. 또한 수업 시간에 대화문을 들려주기 전에 대화문에 포함된 일부 어휘나 문장 표현을 발췌하여 미리 제시할 수 있다.

2.3 이해를 돕기 위해 충분한 상황 맥락 단서를 제공하라

학생들에게 대화문을 들려주는 등 듣기 입력 자료를 제시할 때에는 목표 언어로만 들려주는 것보다 그 언어 표현에 맞는 다양한 상황 맥락 단서를 함께 제공하여 학생들의 이해를 돕는 것이 바람직하다. 초등영어 교과서의 대화문을 CD Rom으로 들려줄 때에는 내용 파악에 중요한 주요 단어에 해당하는 부분을 화면에서 가리키며 이해를 도와줄 수 있다. 예를 들어 "It's under the chair."라는 대사가 나올 때 스크린에서 의자 아래를 손으로 짚어준다. 교사가 대화문을 직접 들려주는 경우에는 해당 대사를 하면서 제스처를 취하거나 그림 카드나 실물을 들어 보일 수 있다. 예를 들어 "It's large."라고 말할 때는 양팔을 벌리는 제스처를 하거나 "Is this your pencil?"이라고 말할 때는 연필을 들어 보이면서 말한다. 그렇게 함으로써 학생들은 교사가 전달하는 영어 표현의 의미를 더 잘 이해하게 될 뿐만 아니라 해당 영어 표현과 그 의미를 시각적으로 연관지으며 그 의미를 더 잘 기억하게 될 것이다.

3. 듣기 지도 방법

듣기 기능을 강조하는 교수법 중에서 Asher의 전신반응 교수법 (TPR)과 이를 응용한 TPR 스토리텔링 지도법을 알아보자. 그리고 TPR을 활용한 게임 Simon Says 게임 지도방법도 알아보자.

3.1 TPR

Asher(Ranii, 1993)는 학습자들이 목표 언어 표현을 들으면서 이를 행동으로 경험할 때 그 언어 표현을 더 잘 기억하게 된다고 보았다. 앞에서 설명한 바와 같이 이 교수법에서는 학습자들이 교사가 목표 언어로 말하는 지시를 듣고 그 지시의 내용이 무엇인지 단순히 이해하는데 그치는 것이 아니라 그 지시한 내용을 신체 행동으로 표현한다. TPR 교수법으로 진행하는 영어 수업은 다음과 같은 절차로 진행된다.

단계 1. 교사의 시범

교사는 명령문으로 지시를 말하며 행동으로 그 명령문의 내용을 전달한다. 이 단계에서 학생들은 교사가 보여주는 행동의 순서를 기억하는 것에만 주의를 기울여서는 안 된다. 학생들은 교사의 '말'과 교사의 '행동' 즉 그 말의 '의미' 간의 관계에 집중해야 한다.

```
T: Stand up. (자리에서 일어난다.)
   Sit down. (자리에 앉는다.)
   Clap. (박수를 친다.)
   Stand up. (자리에서 일어난다.)
   Turn around. (한 바퀴 돈다.)
   Sit down. (자리에 앉는다.)
```

단계 2. 교사의 시범과 학생들의 참여

교사가 명령문으로 지시를 하며 행동을 하면 학생들이 교사의 지시를 듣고 행동을 따라한다. 이 단계에서도 전 단계와 마찬가지로 학생들은 교사의 '말'과 교사의 '행동'을 관련지으며 말의 '의미'에 최대한 집중해야 한다. 아직은 학생들이 교사의 말과 교사의 행동 즉 말의 의미를 연관 짓는 단계이므로 학생들의 이해를 돕기 위해 지시의 순서를 전 단계와 동일하게 유지하는 것이 바람직하다. 학생들이 교사의 지시를 듣고 행동을 따라하면서 교사의 말을 자신의 머리 속에서 되새겨 보게(mental rehearsal) 할 수 있다.

```
T: Stand up. (자리에서 일어난다.)
SS: (자리에서 일어난다.)
T: Sit down. (자리에 앉는다.)
SS: (자리에 앉는다.)
T: Clap. (박수를 친다.)
SS: (박수를 친다.)
T: Stand up. (자리에서 일어난다.)
SS: (자리에서 일어난다.)
T: Turn around. (한 바퀴 돈다.)
SS: (한 바퀴 돈다.)
T: Sit down. (자리에 앉는다.)
SS: (자리에 앉는다.)
```

단계 3. 교사의 지시와 학생들의 행동

이번에는 교사가 지시만 하고 행동을 하지 않는다. 학생들은 교사의 지시를 잘 듣고 그에 맞는 행동을 취한다. 이 단계에서는 교사가 말로 지시만 할 뿐 행동을 중단하기 때문에 학생들은 오로지 교사의 말과 연상된 행동을 기억하여 자신의 신체로 표현해야 한다. 또한 이 단계에서도 여전히 교사의 지시를 이전 단계들과 동일한 순서로 유지한다. 학생들이 교사가 말로 하는 지시의 의미를 기억해내고 이를 신체로 표현하는 과정에서 지시의 순서가 상황 맥락 단서로 활용될 수 있기 때문이다.

> T: Stand up. (지시만 한다.)
> SS: (자리에서 일어난다.)
> T: Sit down. (지시만 한다.)
> SS: (자리에 앉는다.)
> T: Clap. (지시만 한다.)
> SS: (박수를 친다.)
> T: Stand up. (지시만 한다.)
> SS: (자리에서 일어난다.)
> T: Turn around. (지시만 한다.)
> SS: (한 바퀴 돈다.)
> T: Sit down. (지시만 한다.)
> SS: (자리에 앉는다.)

단계 4. 학생들이 이해했는지 확인

이제는 교사가 지시의 순서를 바꾸어 말하며 학생들이 교사의 지시를 제대로 이해하며 행동하는지를 확인한다. 이를 통해 학생들이 단순히 순서만 기억하여 행동하는 것인지 아니면 교사의 지시가 의

미하는 바를 이해하고 이를 신체로 표현하는 것인지를 구분할 수 있
다. 만약 이 단계에서 학생들이 어려움을 보인다면 이전 단계 중 필
요한 단계로 되돌아가 그 부분을 반복하여 연습하도록 한다. 학생들
의 이해 정도에 따라 지시의 수를 줄이거나 늘릴 수 있다.

    T: Stand up.
        Clap.
        Turn around.
        Sit down.
        Clap.
        Stand up.
        Sit down.

   이와 같이 TPR은 학습자들이 교사의 지시를 듣고 자신이 이해한
것을 말이 아니라 행동으로 표현하는 과정에서 언어 표현과 그 '의
미를 행동으로 경험하게' 하기 때문에 말의 의미를 보다 더 잘 내면
화하게 한다. 또한 학습자들에게 행동으로 반응하게 할 뿐 말을 따
라하도록 강요하지 않기 때문에 외국어 학습에 부정적인 역할을 하
는 외국어 불안감(foreign language anxiety)을 낮추어 주는 효과5)가
있다.
   TPR을 적용한 수업은 가르치는 학생들의 수준에 따라 난이도를 조
절할 수 있다. 초급 이상의 학생들에게 TPR 수업을 적용하는 경우 수
업이 어떻게 진행되는지 다음 예시(Ranii, 1993)를 통해 살펴보자.

---

5) Krashen이 말하는 정의적 필터를 낮추어 언어 습득이 수월하게 이루어지도록 도와주는 효과가
   있다.

● 수업의 개요

주제(Topic): Medical/ Body parts
목표(Objective): The students will be able to follow a doctor's directions.
어휘(Vocabulary): (복습 어휘) eye(s), nose, mouth, ear(s), hand(s), foot, feet, right, left
　　　　　　　　(신출 어휘) look, exhale, take, hold, open, stick out, move, touch
실생활 기능(Life skills): Following a doctor's directions

● 지시문

Take a deep breath.
Hold it. Hold it.
Exhale.
Take another deep breath.
Hold it. Hold it.
Exhale.
Again. Good.
Now, open your mouth.
Stick out your tongue.
Say "aah!"
Good.
OK.
Close your mouth.
Now, hold your finger in front of your nose.
About six inches in front of your nose.
OK. Look at your finger.
Now move your finger to the left.
Look at your finger.
Move your finger in front of your nose.
Look at your finger.

Move your finger to the right.
Look at your finger.
Back to the center.
Look at your finger.
Touch your nose.
Look at your finger.
Good. Put your hand down.
Now, stand up please.
Stand on one foot.
Put your arms out to the side.
Bring your hands forward.
Put your hands down.
Good.
Now, stand on the other foot.
Put your arms out to the side.
Bring your hands forward.
Put your hands down.
Good.
Thank you.
You may sit down.

● 절차

단계 1. 수업의 목표를 제시한다.

단계 2. 지시문들을 순서에 따라 제시하며 시범을 보인다.

단계 3. 지시문들을 순서에 따라 들려주며 시범을 보이고 학생들이 동작을 따라하게 한다.

단계 4. 지시문들을 순서에 따라 들려주며 학생들이 지시문만 듣고 동작을 취하게 한다.

단계 5. 지시문들의 순서를 바꾸어 들려주고 학생들이 지시에 맞는 동작을 제대로 취하는지 확인한다.

단계 6. 미리 준비한 지시문의 녹음을 들려주고 학생들이 동작을 그림으로 그려보게 한다.

단계 7. 미리 준비한 지시문이 적힌 문장 카드를 한 장 씩 보여주며 학생들이 동작을 취하게 한다.

단계 8. 학생들에게 문장 카드를 나누어주고 교사가 지시를 하나 씩 말하면 해당 문장 카드를 집어 올리게 한다.

수업의 예시에서 보듯이 TPR은 학생들이 지시문을 듣고 지시의 내용을 직접 자신의 신체로 표현하는 활동이 수업의 대부분을 이루지만 지시의 의미를 그림으로 그리게 하거나(단계 6) 문장 카드를 이용하는 방법(단계 7, 단계 8)을 통해 읽기 기능까지 확대하여 가르칠 수도 있다.

3.2 TPR 스토리텔링

TPR 스토리텔링은 스토리텔링을 TPR로 하는 활동이다. 스토리텔링은 그림 카드나 그림책을 보여주며 학습자가 자신의 언어로 이야기를 말해보는 말하기 활동이다. 반면 TPR 스토리텔링은 이야기를 듣고 이를 동작으로 표현하는 듣기 활동이다. 다음 수업의 예시 (Halliwell, 1992, p 54-56)를 보자.

● **수업의 개요**

주제(Topic): Lion hunt
목표(Objective): The students will be able to listen to the story and physically express it.
어휘(Vocabulary): over the bridge, up the hill, down the hill, across the river, through the long grass, under the bridge, along the path
자료: 어휘에 해당하는 그림 카드
실생활 기능(Life skills): Storytelling

● **이야기**

We are going on a lion hunt.	It's got a long tail.
Off we go!	It's got a big head.
First we walk along the path.	Help! It's a lion!
Then we go over the bridge.	Quick!
Next we go up the hill.	Under the bridge.
Then we run down the hill.	Through the long grass.
Next we swim across the river.	Across the river.
Now we walk through the long grass.	Up the hill.
Then we go under the bridge.	Down the hill.
Wait a minute.	Over the bridge.
What's this?	Along the path.
It's got four legs.	Home! Hurray!

● 절차

단계 1. 수업의 목표를 제시한다.
단계 2. 등장인물을 소개한다.
단계 3. 주요 표현을 제시한다.

칠판에 주요 표현이 그려진 그림 카드를 붙여놓고 표현을 제시하면서 이를 동작으로 표현하게 한다.

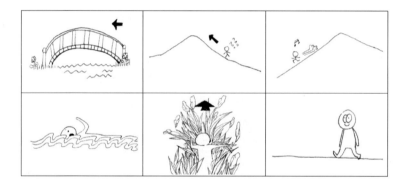

over the bridge	한 손으로 다리 모양을 만들고 다른 손 손가락으로 그 위를 건너는 동작
up the hill	언덕을 힘들게 오르는 동작
down the hill	언덕을 빨리 달려 내려가는 동작
across the river	손으로 헤엄치는 동작
through the long grass	양손으로 긴 수풀을 헤쳐 나가는 동작
under the bridge	몸을 웅크리며 걷는 동작
along the path	두 손가락으로 걷는 동작

단계 4. 교사가 동작을 곁들여 이야기를 들려준다. 이야기를 들려
줄 때 해당되는 그림을 가리킨다.

We are going on a lion hunt.	
Off we go!	
First we walk along the path.	두 손가락을 움직인다.
Then we go over the bridge.	손가락으로 다리를 건넌다.
Next we go up the hill.	언덕을 힘들게 오른다.
Then we run down the hill.	언덕을 빠르게 내려간다.
Next we swim across the river.	헤엄을 쳐서 강을 건넌다.
Now we walk through the long grass.	긴 수풀을 헤쳐 나간다.
Then we go under the bridge.	다리 아래를 웅크리며 지나간다.
Wait a minute.	
What's this?	
It's got four legs.	다리를 하나씩 만지는 동작
It's got a long tail.	긴 꼬리를 더듬는 동작
It's got a big head.	큰 머리를 더듬는 동작
Help! It's a lion!	깜짝 놀라 소리치는 동작
Quick!	(동작을 빨리 반복한다.)
Under the bridge.	웅크리며 걷는다.
Through the long grass.	긴 수풀을 헤친다.
Across the river.	헤엄을 쳐서 강을 건넌다.
Up the hill.	언덕을 빨리 오른다.
Down the hill.	언덕을 빨리 내려온다.
Over the bridge.	손가락으로 다리 위를 건넌다.
Along the path.	두 손가락으로 걷는 동작을 한다.
Home! Hurray!	만세를 한다.

단계 5. 교사가 동작과 함께 이야기를 다시 한 번 들려주고 학생
들은 교사의 이야기를 들으며 동작을 따라한다.

단계 6. 교사가 그림을 가리키며 다시 한 번 이야기를 들려준다.
이번에는 교사가 이야기만 들려주며 동작은 하지 않는다.
학생들은 교사의 이야기에 맞추어 동작으로 이야기의 내
용을 표현한다.

단계 7. 교사가 동작을 하지 않은 채 이야기의 순서를 변경하여
들려준다. 학생들은 교사의 이야기에 맞는 동작을 취하며

이야기의 내용을 표현한다. 이야기 순서를 바꾸면서 학생
들이 취하는 동작을 보고 이야기를 어느 정도 이해하는
지 확인할 수 있다.

원래 이야기 순서	순서를 바꾼 이야기
First we walk along the path.	First we go over the bridge.
Then we go over the bridge.	Then we walk through the long grass.
Next we go up the hill.	Next we go up the hill.
Then we run down the hill.	Then we run down the hill.
Next we swim across the river.	Next we go under the bridge.
Now we walk through the long grass.	Now we walk along the path.
Then we go under the bridge.	Then we swim across the river.
Wait a minute.	Wait a minute.
What's this?	What's this?
It's got four legs.	It's got a long tail.
It's got a long tail.	It's got four legs.
It's got a big head.	It's got a big head.
Help! It's a lion!	Help! It's a lion!
Quick!	Quick!

이와 같이 TPR 스토리텔링은 말하기에 대한 부담을 줄이고 이야
기의 내용을 동작으로 표현하게 함으로써 말하기 수준이 낮은 학습
자나 말하기 활동에 심리적 부담이 큰 학습자들도 스토리텔링에 참
여하게 하는 방법이다. TPR 스토리텔링 활동에 익숙해지고 말하기
에 자신감이 길러지게 되면 동작과 함께 간단한 표현을 곁들여 말하
는 활동으로 확장할 수 있다.

3.3 Simon Says 게임

Simon Says는 TPR을 적용한 게임이다. 게임을 진행하는 사람이
여러 지시를 내리게 되는데 지시에 맞는 행동을 취해야 한다. 단 지

시 앞에 "Simon says"라는 말을 붙였을 때에만 지시에 따라야 하고 그렇지 않을 때는 지시에 따르면 안 된다. "Simon says"라는 말을 붙이지 않았는데 그 지시에 맞는 동작을 취한 사람은 게임에서 빠지게 된다. 마지막까지 살아남는 사람이 우승자가 된다. 말하기 능력이 갖추어지지 않은 학습자들을 대상으로 할 때에는 교사가 게임을 진행한다. 학습자들이 말하기에 자신감이 생기고 익숙해지면 학습자들이 순서대로 돌아가며 게임을 진행할 수 있다.

4. 초등영어 교과서의 듣기 활동

초등영어 교과서 듣기 활동을 어떻게 지도할 수 있는지 살펴보자. 예시로 살펴볼 단원은 [국정 교과서 3학년 7단원 1차시]이다.

샘플 단원: 3학년 7단원 I Like Apples

[학습 목표]

듣기

1. 좋아하거나 좋아하지 않는 음식에 대한 말을 듣고 이해한다.
2. 좋아하는 음식을 묻고 답하는 말을 듣고 이해한다.
3. 상대방의 의견에 동의하는 말을 듣고 이해한다.

말하기

  1. 좋아하거나 싫어하는 음식을 말한다.

  2. 좋아하는 음식을 묻고 답한다.

  3. 상대방의 의견에 동의하는 말을 한다.

의사소통기능

  1. 좋아하고 싫어하는 것 표현하기(Do you like apples? I like/don't like apples.)

  2. 동의하기(Me, too.)

언어 형식

  Do you like _____? I like/don't like _____.

어휘

  do, grape, like, lunch, time, too, yes

[단원 지도 계획]

차시	학습 단계	학습 활동
1	Look and Listen (1) Listen and Repeat (1) Let's Play (1)	CD-ROM 타이틀 보며 듣기 듣고 따라 말하기 가위바위보 놀이하기
2	Look and Listen (2) Listen and Repeat (2) Let's Chant Let's Play (2)	CD-ROM 타이틀 보며 듣기 듣고 따라 말하기 "Do You Like Chicken?" 챈트 음식 알아맞히기 놀이하기
3	Look and Speak Let's Sing Let's Play (3)	그림 보고 말하기 "I Like Apples" 노래하기 음식 조사하기 놀이하기
4	Let's Role-Play Let's Review	"공룡과 원시인 가족" 역할놀이 그림 보고 말하기 실제 의사소통 활동하기

1st Period	2nd Period
Look & Listen (1)	Look & Listen (2)
<Pre-listening>	<Pre-listening>
1. Minsu: I like apples.	1. Julie: I like lunch time.
Julie: I like grapes.	Mina: Me, too.
2. Julie: I don't like apples.	2. Minsu: Do you like chicken?
Minsu: I don't like grapes.	Julie: Yes, I do. I like chicken.
3. Minsu: I like apples.	3. Minsu: Do you like fish?
Julie: I don't like apples.	Julie: No, I don't. I like chicken.
<Dialog>	<Dialog>
Minsu, Mina: I like apples.	Minsu: I like lunch time.
Minsu's Mom: Wash your hands first.	Thomas: Me, too.
Julie: I don't like apples.	Minsu: Thank you.
Minsu's Mom: Here.	Minsu: I like bananas. Do you like bananas?
Julie: Grapes! I like grapes. Thank you.	Thomas: No, I don't. Here, Minsu.
	Minsu: Thanks. Do you like chicken?
Listen & Repeat (1)	Thomas: Yes, I do.
1. Minsu: I like apples.	
Mina: I don't like apples.	Listen & Repeat (2)
2. Tony: I like bananas.	1. Minsu: I like lunch time.
Julie: I don't like bananas. I like grapes.	Thomas: Me, too.
3. Minsu's Mom: Here.	2. Thomas: Do you like bananas?
Julie: Thank you.	Minsu: Yes, I do.
	3. Minsu: Do you like fish?
	Thomas: No, I don't. I like chicken.

4.1 Look & Listen 지도 절차

초등영어 교과서의 1,2차시의 첫 번째 활동은 해당 단원의 주요 학습 내용을 대화문으로 제시하는 대화문 듣기 활동이다. 이 활동의 목표는 대화문을 듣고 대화의 맥락 속에서 주요 학습 내용을 이해하는 것이다. 따라서 학습자들이 대화문을 듣고 다음에 해당하는 내용을 이해하도록 지도해야 한다.

1. 대화문의 내용적인 측면

    대화가 이루어지는 상황

    등장인물 및 등장인물들 간의 관계

    대화의 흐름/내용

2. 대화문의 언어적인 측면

    주요 어휘

    의사소통기능과 그 예시문

이를 위해 Look & Listen을 다음과 같은 절차로 지도할 수 있다.

단계 1. Picture Walk-Talk

교과서 그림을 보고 대화의 상황 파악하기, 등장인물 소개하기, 대화 내용 짐작해보기

이 단계에서는 CD Rom으로 대화문을 들려주기 전에 교과서 그림을 펴고 그림 속을 산책하듯이 학생들과 가볍게 대화를 나누어 본다. 대화문을 듣기 전이므로 지나치게 자세한 내용을 물어보기 보다는 질문 형식을 띄지만 학생들에게 대화문 이해에 필요한 정보를 주는 방식으로 교사가 생각구술(think aloud) 하듯이 말하는 것이 좋다. 학생들에게 일방적으로 질문을 던지고 답을 강요하는 식으로 진

행되지 않도록 유의한다. 학생들에게 대화문 이해에 필요한 정보를 제공하고 학생들이 알고있는 배경지식과 관련지으며 스키마를 구축하는 방식이어야 한다.

> T: Who can you see in the picture?
> Yes, that's right.
> You can see Minsu, Mina, Julie, and Minsu's Mom.
> What are they doing? Are they sleeping or talking?
> They are talking.
> I wonder what they are talking about.
> Let's see. There's some fruit on the dish.
> Maybe they are talking about the fruit.

단계 2. Pre-listening

이 단계에서는 대화문을 본격적으로 들려주기 전에 대화문에 나오는 주요 문장(해당 단원의 의사소통기능 예시문)이나 주요 어휘를 미리 들려준다.

이 단계는 교사의 판단에 따라 생략할 수 있다. 주요 문장이나 어휘를 대화문을 들려주기 전에 미리 제시하여 들려줌으로써 명시적으로 지도(explicit instruction)할 수도 있고 대화문을 들려준 뒤, 주요 문장이나 어휘를 따로 발췌하여 들려주며 명시적으로 지도할 수도 있다. 또는 대화문 듣기나 (듣기 후속 활동으로) 말하기를 가르치는 동안 어휘나 문장을 암시적으로 지도(implicit instruction)할 수도 있다. 이렇게 지도하면 듣기와 말하기 학습 과정에서 어휘나 문장이 부수적으로 학습(incidental learning)된다. 어떤 방법이 특정 학습자에게 효과적인가는 학습자들의 수준이나 학습 스타일 등 여러 요인에 따라 달라질 수 있으므로 교사가 상황에 따라 판단하도록 한다.

해당 단원의 주요 어휘는 "apples, grapes, like" 등이며 주요 의사
소통기능 예시문은 "I like/don't like apples/grapes."이다. 따라서 이
Pre-listening 단계에서는 전체 대화문을 들려주기 전에 해당 어휘와
문장을 그림 카드 등을 사용하여 제시할 수 있다.

국정 교과서에서는 대화문 본문에 나오는 주요 문장들을 발췌하
여 짤막한 대화로 제시하였다.

> \<Pre-listening\>
> 1. Minsu: I like apples.
>   Julie: I like grapes.
> 2. Julie: I don't like apples.
>   Minsu: I don't like grapes.
> 3. Minsu: I like apples.
>   Julie: I don't like apples.

단계 3. Listening

이 단계는 대화문 본문을 들려주고 내용을 이해하도록 하는 본격적
인 듣기 활동 단계이다. 다음과 같이 세분화된 단계로 진행하도록 한다.

> 1. 안내성 질문(guiding question)
> 2. 대화문 들려주기
> 3. 정답 확인하기

학생들이 대화문의 내용을 잘 파악할 수 있도록 대화문을 듣는 동
안 집중해서 들어야 할 부분을 질문이나 퀴즈 형식으로 제시한 다음

들도록 하는 것이 효과적이다. 이렇게 대화문에서 집중해서 들어야 할 부분을 안내하는 질문을 안내성 질문이라고 한다.

대화문을 한번 들을 때 제시하는 질문의 수는 1개나 2개 정도가 적당하며 이 보다 많아지는 경우에는 학습자들이 대화문을 들을 때 오히려 방해가 되며 듣기 활동이 평가 활동으로 변질되므로 유의해야 한다. 만일 대화문에서 학생들이 파악해야 할 내용이 많아 질문의 수가 많은 경우에는 다음과 같이 진행한다.

1) 여러 질문 중 가장 중요한 질문 1개 내지 2개만 선정하여 대화문을 듣기 전에 제시하고 나머지는 대화문을 다시 들려줄 때 제시하거나 대화문 듣기가 끝난 뒤 이해확인 질문(comprehension question)으로 제시한다.
2) 대화문을 전반부 및 후반부로 나누어 각각 1개 내지 2개의 질문을 제시한다.

해당 대화문과 이 대화문에 적절한 안내성 질문을 예로 들면 다음과 같다.

<Dialog>	<Guiding Questions>
Minsu, Mina: I like apples.	
Minsu's Mom: Wash your hands first.	"What does Minsu like?"
Julie: I don't like apples.	"What does Julie like?"
Minsu's Mom: Here.	
Julie: Grapes! I like grapes. Thank you.	

다음은 해당 대화문을 들려주기 전에 안내성 질문을 제시하는 장

면, 그리고 대화문을 들려 준 뒤 질문을 다시 언급하며 학생들과 답
을 확인해보는 부분을 예상 발화로 작성한 것이다.

T: Now listen to the main dialog.
   Which fruit does Minsu like, apples or grapes?
   Which fruit does Mina like, apples or grapes?
   Listen carefully and find out the fruit they like.
   Then circle the fruit. OK?

   (Play the main dialog)

   Which fruit do they like, apples or grapes?
   Yes, that's right.
   They like apples.
   They say, "I like apples."
   Did you circle the apples?
   Great!

   And did you hear what Julie said?
   Does she like apples, too? No?
   Then what does she like?
   Yes, you're right.
   She likes grapes.
   Julie said, "I don't like apples. I like grapes."
   Did you hear that? No?
   Don't worry.
   You'll hear the dialog once again.

단계 4. Post-Listening

이 단계에서는 대화문을 다시 한 번 들려주고 대화문의 내용을 자
세히 파악하도록 이해 확인 질문(comprehension question)을 제공하
거나 내용 일치 여부(true/false)를 알아맞히게 한다. 일치 여부를 파

악하게 할 때는 진술된 문장이 대화문의 내용과 일치하면 두 팔로 동그라미를 만들게 하고 일치하지 않으면 두 팔로 X자 모양을 만들어 보이게 할 수 있다. 이렇게 하면 전체 학생들이 대화문의 내용을 얼마나 이해하는지 그리고 교사가 들려주는 문장의 의미를 얼마나 이해하는지를 한 눈에 파악할 수 있으므로 학생들에게 피드백을 주기가 수월하며 진도를 설정하는데 도움이 된다.

> T: OK.
> I'll play the dialog once again.
> Please listen carefully to what Minsu, Mina, and Julie say.
>
> (Play the main dialog)
>
> All right.
> Now let me ask you some more questions.
> Please listen and answer the questions.
> First, who said, "I like apples"?
> Good. Minsu and Mina.
> Second, who said, "I don't like apples"?
> Great! It's Julie.
> Third, who said, "I like grapes"?
> Well done. It's Julie.
>
> Now I'll say some sentences.
> Listen to me and think about the sentence.
> If you think the sentence is true, show me a circle.
> If you think the sentence is false, show me an X.
> Did you get it? OK.
> First, Julie likes grapes.
> Good. The sentence is true.
> She likes grapes.
> Second, Mina said, "I don't like apples."

Good job. The sentence is false.
Mina said, "I like apples."
You did a very good job!

4.2 듣기 활동 지도에서 유의할 사항

이상과 같이 듣기 활동을 지도할 때에는 몇 가지 유의해야 할 사항이 있는데 이 중 중요한 두 가지만 제시하면 다음과 같다.

1) 대화문의 제시 방법을 다양하게 하자

초등영어 교과서는 모든 학습 내용이 CD Rom으로 제작되어 대부분의 수업이 이를 보여주며 가르치는 방식으로 진행된다. 특히 모든 대화문이 CD Rom으로 제작되었으며 학생들도 이 CD Rom을 가지고 있어 미리 내용을 파악할 수 있기 때문에 매 수업시간마다 동영상을 사용하게 되면 자칫 흥미를 저해하게 될 가능성도 있다. 대화문을 제시하는 방법을 다양하게 하고 특히 교사가 직접 대화문을 제시하는 방식을 취하게 되면 학생들을 수업에 더 집중시킬 수 있다. 예를 들어 교사가 양손에 손 인형(hand puppet)을 끼우거나 막대 인형(stick puppet)을 들고서 움직이며 대화를 들려주거나 동영상을 화면 캡처하거나 스토리 보드 또는 만화를 그려서 말풍선을 삽입하고 보여주며 대화를 들려준다면 학생들은 교사가 들려주는 대화의 내용에 흥미를 가지고 집중하게 된다.

물론 이러한 방식은 CD Rom 동영상을 보여주는 것과 병행할 수도 있다. 동영상으로 대화문을 한번 보여주고 대화문을 다시 들려줄 때는 교사가 다른 방법으로 들려주는 것이다. 이때 대화문은 동영상에 나오는 그대로 들려줄 수도 있고 대화문의 주요 문장은 유지한 채 교사가 제시하기 수월한 방식으로 대화문을 재구성하여 들려줄 수도 있을 것이다. 또는 교사가 원어민 교사와 함께 대화문을 역할극 형식으로 제시하는 방법도 있다. 단 대화문을 직접 들려주거나 재구성하여 들려주는 경우에 (억양을 포함하여) 발음이나 문장에 오류가 생기지 않도록 사전에 미리 연습하는 것이 바람직하다.

2) 듣고 내용을 이해했는지 확인하는 질문을 하자

듣기 활동의 목표는 학습자들이 대화문을 듣고 이해하게 하는 것이다. 그러므로 대화문을 듣기 전에 제시하는 질문(guiding question)이나 듣고 난 후 제시하는 질문(comprehension question)은 모두 듣고 이해했는지 확인하는 수준이어야 한다. 질문은 두 가지 유형으로 구분할 수 있다.

(1) 대화문의 내용적인 측면을 묻는 질문
What did Minsu do?
How many apples did Minsu eat?

(2) 대화문에 포함된 언어 표현을 묻는 질문
What did Minsu say?
Who said, I like apples?

둘 중 어떤 유형이건 대답하는 학생들이 내용을 듣고 잘 이해했는지를 확인하는 수준이어야 목적에 맞다. 먼저 "What did Minsu do?"

와 "How many apples did Minsu eat?"의 질문 중에서 학생들이 답하기 쉬운 질문은 후자이다. 전자의 질문은 말하기 부담을 주는 성격의 질문이기 때문에 학생들이 내용을 알고 있어도 문장으로 말하기 어려울 수 있다. 그런 경우 교사는 학생들이 답을 하지 못하는 것이 대화문을 이해하지 못하였기 때문인지 아니면 답을 영어로 말하지 못하기 때문인지 판단하기 어렵다. 따라서 전자의 질문은 "What did Minsu do? Did he eat the apple, or did he eat the grapes?"와 같이 후속하여 구체적으로 묻거나 아니면 처음부터 구체적으로 "Did he eat the apple, or did he eat the grapes?"라고 묻는 편이 바람직하다. 듣기 활동의 질문은 듣고 이해한 것을 확인하는 차원에서 묻는 것이며 말하는 부담을 덜어주는 성격의 것이어야 한다는 의미이다.

마찬가지로 "What did Minsu say?"와 "Who said, I like apples?"의 질문 중에서 학생들이 답하기 쉬운 질문은 후자이다. 새로운 단원의 대화문을 처음 듣고 여러 명의 등장인물들 가운데 특정인이 말한 문장이 정확히 무엇인지 기억하기는 어렵다. 그럼에도 대부분의 교사용 지도서에 실린 질문이나 현장에서 교사들이 사용하는 질문은 "What did Minsu say?"와 같은 유형이 많다. 처음 대하는 대화문을 한번 듣고 이해한 내용을 묻는 질문으로는 "What"으로 시작하는 질문보다는 "Who"로 시작하는 질문이 대화문을 암기해야 한다는 부담이 없고 질문하는 취지에 적합하다. 또는 질문을 "Did Minsu say, I like apples? Or I don't like apples?"처럼 질문하여 답을 고르게 할 수 있다.

요약하면, what 보다는 who로 묻거나 which one이나 or를 사용하여 선택하여 답하게 하거나 yes/no로 답하게 하는 것이 말하는 부담을 줄여주고 듣고 이해한 내용을 확인하는 목적에 부합하는 질문인 것이다.

Part 3

말하기 지도

1. 말하기 기능의 이해

　외국어 학습자들이 외국어를 학습할 때 가장 빨리 기르고 싶은 능력은 자신의 의사를 말로 표현하는 말하기 능력일 것이다. 가장 대표되는 언어 기능(language skill)으로 인식되는 것이 말하기이다. 우리가 외국인이 우리말을 구사하는지 궁금할 때 "한국말 하세요?" 또는 "한국말 하시나요?"라고 묻는다. 영어의 경우에도 마찬가지로 "Do you speak English?" 또는 "Can you speak English?"라고 묻는다. 이렇게 우리는 말하기 능력을 외국어 구사 능력과 무의식적으로 동일시한다. 그런데, 이 말하기는 네 가지 언어 기능 중에서 일반적으로 가장 기르기 어려운 기능으로 여겨진다.

　말하기 기능이 학습자에게 어렵게 여겨지는 이유는, 말하기 행위가 면대면(face-to-face) 상황에서 실시간(real-time)으로 벌어지는 것에서 기인한다. 첫째, 말하기 기능은 자신의 메시지를 해당 외국어를 사용하여 실시간에 즉각적으로 표현하는 것이다. 따라서 학습자 스스로 충분한 언어 자원을 갖추고 이를 수월하게 자신의 메시지를 표현하는데 사용할 수 없다면 성공적인 의사소통은 이루어지지 않는다. 둘째, 말하기 기능은 실시간 상황에서 청각적인 기억에 의존해야 하므로, 시간적인 압박과 기억해야 하는 부담이 매우 크다. 셋째, 말하기 기능은 면대면 상황에서 실시간으로 대화 상대자와 마주하여 의사 교환을 하는 것이므로 다른 어느 기능보다 심리적인 부담이 크고 언어 불안감(language anxiety)이 증가하게 된다. 대화 상대자로부터 부정적인 평가를 받지 않을까 또는 말실수나 과제 수행이 실패하지 않을까 하는 등의 걱정이나 두려움이 바로 그것이다. 이러한 걱정이나 두려움은 자신의 말하기 능력에 대한 자신감의 부족이나 과거의 말하기 수행과 관련된 부정적인 기억에서 비롯된다.

이와 같은 어려움에도 불구하고 말하기 기능은 외국어 학습자들이 반드시 개발해야 할 기능이다. 말하기 지도는 외국어 수업에서 크게 두 가지 방식으로 지도되어왔다. 외국어 수업에 의사소통능력이 강조되기 전 문법 중심의 수업에서는 주로 청화식 교수법(audiolingual method, ALM)의 전통을 따라 문장을 반복하여 따라하거나 교재의 대화문을 암기하는 방식으로 이루어졌다. 청화식 수업에서는 학습자들이 반복 연습(repetition drill)을 통해 목표어의 발음과 문장 구조에 익숙해지도록 연습을 시킨다. 수업은 다음과 같은 흐름으로 진행된다(Nunan, 2003, p. 49).

T: Repeat please. "Good morning, Maria."
Ss: "Good morning, Maria."
T: "Where are you going?"
Ss: "Where are you going?"
T: Good. "I'm going to the library."
Ss: "I going to libary."

```
T:   Listen. "I'm going to THE library."
Ss:  "I going to THE libary."
T:   Listen again. "Li-BRA-ry." Rrr. "Librrrary."
Ss:  "Librrrary."
T:   "To the library."
Ss:  "To the library."
T:   "Going to the library."
Ss:  "Going to the library."
T:   "I'm going to the library."
Ss:  "I going to the library."
T:   Good! Now the next part.
```

위와 같은 반복하여 따라 말하는 연습을 통해 학습자들이 목표어라는 새로운 습관을 형성할 수 있을 것으로 가정하며, 교사는 학습자들이 잘못된 습관을 형성하지 않도록 말하기 연습 중에 오류가 발생하면 즉각적으로 이를 수정한다. 다양한 유형의 말하기 훈련을 통해 목표어의 발음과 어휘와 문장 구조를 연습하고 암기하면 실제 대화에서 사용할 수 있으리라고 기대하는 것이다. 그러나 교실 밖 실제 대화에서는 그 내용과 흐름이 예측 불가능하며 암기한 대화문의 순서대로 흘러가지 않는다.

20세기 후반에 들어서며 언어에 대한 개념이 재정립되고 언어습득 연구가 발달하면서 말하기 수업 방식에 큰 변화가 생겼다. 언어는 의사소통(communication)의 수단이므로 외국어 학습은 해당 외국어로 의사소통할 수 있는 경험을 제공해야 하며, 모국어 습득과 제2언어 습득이 모방과 암기가 아닌 다른 사람과의 상호작용(interaction)을 통해 이루어지듯이 외국어 학습도 상호작용을 통해 외국어를 사용하는 방식으로 이루어져야 한다고 보았다. 이렇게 청화식과 상반되는 수업이 의사소통중심 교수법(communicative language teaching, CLT)에서 지향하는 수업이다. 의사소통식 수업은 말하기 지도의 방식에 따라 두 갈래로 나뉜다. 한 가지 방식은 기존의 말하기 수업에서처럼 목표어의 발음, 어휘, 문장을 각각 연습하게 한 뒤에 상호작용이 이루어지는 의사소통활동을 진행하는 것이다. 또 다른 방식은 수업의 시작부터 바로 목표 언어를 사용하여 의사소통활동을 하게 하는 것이다. 의사소통활동 중에 가장 널리 사용되는 유형이 정보 차(information gap) 활동과 역할 놀이(role-play)이다. 이 두 가지 유형의 활동에 대해서는 이 장 3절에서 살펴보겠다.

2. 말하기 지도에서 고려할 사항

2.1 언어 환경을 고려하라

외국어를 지도할 때 가장 기본적으로 고려해야 할 사항이 바로 학습자들이 해당 외국어를 학습하는 상황이다. 이는 외국어 학습 상황이 외국어 학습의 동기, 목표, 내용, 방법 등과 관련되기 때문이다. 영어의 경우 비원어민 화자가 영어를 학습하는 상황은 크게 제2언어로 영어를 학습(ESL)하는 상황과 외국어로 영어(EFL)를 학습하는 상황으로 구분된다. ESL(English as a Second Language) 상황에서는 학습자들이 대개 유학이나 이민을 목적으로 영어 사용국가에서 거주하며 영어를 학습하는 경우이다. 따라서 이들은 영어 사용국가에서 살아가는데 필요한 영어를 학습하고자 하며 교육기관 뿐 아니라 실제 생활 속에서 늘 영어를 사용하며 학습할 수 있는 기회를 갖게 된다. EFL(English as a Foreign Language) 상황에서는 학습자들이 대개 학교 및 사설 교육기관에서 학업이나 취업 등의 목적으로 영어를 학습하며 교육기관을 제외한 공간에서는 영어를 일상적으로 사용할 기회가 매우 적다. 따라서 우리나라와 같은 EFL 상황에서는 교사들이 계획적으로 말하기 활동을 구안하여 교실 수업 내에서 말하기를 가능한 많이 연습할 수 있는 기회를 제공하여야 한다. 학습자들도 스스로 의도적으로 외국어로 말할 기회를 찾지 않는다면 ESL 상황에서 만큼 충분히 말하는 능력을 갖추기는 쉽지 않기 때문이다.

2.2 유창성(fluency)과 정확성(accuracy)을 고려하라

말하기나 쓰기와 같은 표현 기능에서는 정확하게 말하고 정확하게 쓰는 능력만큼 유창하게 말하고 유창하게 쓰는 능력이 중요하다. 따라서 말하기나 쓰기를 지도할 때는 표현의 정확성뿐만 아니라 유창성도 고려해야 한다. 전통적인 청화식 방법에서는 말하기의 정확성이 중요하게 간주되었다. 이에 따라 말하기 수행 중 오류가 발생하면 즉각적으로 오류를 수정하여 다시 정확하게 발화하도록 지도하였다. 그러나 오류를 지나치게 수정하고 부정적으로만 평가를 한다면 학습자들은 심리적으로 위축되어 발화하는 양이 줄어들게 되고 말하기 활동에 소극적으로 임하게 될 것이다.

반면, 의사소통중심의 말하기 수업에서는 표현의 유창성에 무게를 둔다. 특히 학습의 초기 단계에서는 표현의 정확성을 다듬기 전에 우선 말하고자 하는 의도를 자발적으로 더듬거리지 않고 유창하게 표현하는데 중점을 둔다. 이러한 수업에서는 학습자들이 오류가 있는 발화를 하더라도 언어 표현의 형식에 집중하여 오류를 즉각적으로 수정하기 보다는 언어 표현의 의미나 메시지 또는 화자의 의도에 집중하여 의사소통을 이어가게 한다. 언어 표현을 연습하는 활동 단계에서는 체계적으로 발생하는 오류를 수정하지만 자연스런 대화를 주고받는 상황에서는 메시지 전달을 방해하지 않는 한 대화의 흐름을 이어가게 한다. 학습자들이 의도하는 메시지를 자발적으로 방해받지 않고 말할 수 있도록 충분한 기회를 제공하는 것이다. 그러나 지나치게 유창성만을 강조하고 정확성을 무시하는 경우에는 표현의 부정확성이 메시지의 전달을 방해할 수도 있으며, 이러한 방식이 지속되면 학습자들의 부정확한 표현이 고착화되는 화석화(fossilization) 현상이 생길 수도 있다.

외국어 말하기 지도에서 유창성과 정확성은 '이것 아니면 저것'과 같은 선택의 문제가 아니며 양자가 서로 균형적으로 발달할 수 있도록 공존시켜야 한다. 다만 말하기 수업의 초기 단계에서는 유창성을 조금 더 강조할 필요가 있다.

2.3 교사 발화보다 학생 발화의 양을 늘려라

말하기 수업에서는 학습자의 말하기 능력을 개발할 수 있는 기회를 제공하는 것이 중요하다. 따라서 아무리 교사 중심의 수업이라 하더라도 교사가 말하는 비율을 가능한 줄이고 학습자들이 말하는 비율을 높여야 한다. 전통적인 수업에서는 교사가 학습 내용을 제시하고 교사의 주도하에 듣고 따라 말하는 식으로 수업이 진행된다. 이러한 수업에서는 학습자의 발화 기회가 많이 주어지지 않는다. 반면 학습자 중심의 말하기 수업에서는 교사의 말을 듣고 따라 하는 반복 연습 이외에도 학습자들 간의 짝 활동이나 그룹 활동을 가능한 많이 계획하여 다양한 유형의 말하기 경험을 쌓으며 능력을 기르게 한다. 이러한 과정에서 학습자들이 오류를 많이 범하더라도 서로 간에 메시지를 이해하고 전달하려는 의사소통 노력을 하게 함으로써 말하기 기능을 발달시킬 수 있다. 결국 말하지 않고 말하기 능력을 기를 수는 없는 것이다. 따라서 교사는 학습자들이 교실에서 가능한 다양한 방식으로 발화할 기회를 가지도록 수업을 계획하고 진행해야 한다.

3. 말하기 지도 방법

이 절에서는 대표적인 말하기 지도법인 청화식 연습 방법과 의사소통활동의 대표적인 유형인 정보 차 활동 및 역할 놀이에 대해 알아보자.

3.1 청화식(audiolingual) 말하기 연습

청화식 말하기 연습은 다음 세 가지 가정을 토대로 한다. 첫째, 모국어와 외국어는 별개의 문법 및 발음 체계를 갖추고 있으므로 수업에서는 이를 철저히 분리하여 지도해야 한다. 따라서 모국어 번역을 사용하기 보다는 실물, 그림 등의 시각 자료 및 제스처 등을 사용하여 학습자에게 상황 맥락 단서를 제공해야 한다. 둘째, 문법은 귀납적으로 지도해야 한다. 따라서 문법 규칙을 먼저 제시하지 않고 다양한 예시를 통해 학습자들이 규칙을 추론해내도록 한다. 셋째, 언어 학습은 습관을 형성하는 과정이므로 교사는 학습자들이 모방할 수 있는 모델을 제공해야 한다.

청화식 말하기 수업에서는 지도할 내용을 대화문의 형태로 제시한다. 대화문은 학습할 어휘와 문법 패턴에 상황 맥락을 부여해주며, 학습자들에게 대화문을 들려주므로 발음 지도가 강조된다. 모국어 번역 없이 자동적으로 문장 패턴을 정확하게 산출하게 될 때까지 학습자들에게 반복하여 대화문을 들려주고 따라하게 한다.

다음 수업(Bitterlin, Hampson & Howard, 1992)을 예시로 살펴보자.

● **수업 개요**

· 주제(Topic): Lost and Found
· 목표(Objective): The students will be able to describe an item of clothing.
· 어휘(Vocabulary):
  Colors: Blue, gray, pink, brown, black, white
  Items of clothing: Jacket, hat, sweater, coat, purse, umbrella, vest
  Adjective: Dark, light, small, medium, large
· 실생활 기능(Life Skill): Finding back a lost item of clothing

● 대화문

Jose:	Excuse me. I lost my jacket.
Mrs. Johnson:	What color is it?
Jose:	It's blue.
Mrs. Johnson:	Is it light blue or dark blue?
Jose:	It's dark blue.
Mrs. Johnson:	What size is it?
Jose:	It's large.
Mrs. Johnson:	Is this it?
Jose:	Yes, it is. Thank you very much.
Mrs. Johnson:	You're welcome.

● 절차

단계 1: 모델 대화문을 들려준다.

교사는 모델 대화문을 들려준다. 대화문을 제시할 때는 다음에 유의한다.

1. 화자를 구별하여 제시한다.
2. 문장의 의미를 전달할 수 있는 신호를 사용한다.
3. 학습자들이 대화문을 집중하여 듣게 한다.

단계 2: 대화문을 따라 말하게 한다.

교사는 문장마다 다음과 같이 신호를 제공하며 따라 말하게 한다. 이 신호는 다음 단계에서 문장을 유도하는 역할을 한다.

Line	Speaker	Cue	Dialogue
1	Jose	Jose 얼굴을 가리키며	Excuse me. I lost my jacket.
2	Mrs. Johnson	Mrs. Johnson 얼굴을 가리키며	What color is it?
3	Jose	그림 카드(light blue, dark blue)를 들어 보이며	It's blue.
4	Mrs. Johnson	그림 카드(light blue, dark blue)를 차례로 하나씩 들어 보이며	Is it light blue or dark blue?
5	Jose	그림 카드(dark blue)를 들어 보이며	It's dark blue.
6	Mrs. Johnson	두 팔을 벌리며	What size is it?
7	Jose	두 팔을 많이 벌리며	It's large.
8	Mrs. Johnson	실물(dark blue jacket)을 들어 보이며	Is this it?
9	Jose	실물을 받아들고 감사의 표정을 지으며	Yes, it is. Thank you very much.
10	Mrs. Johnson	고개를 끄덕이며	You're welcome.

단계 3: 신호를 사용하며 대화문을 기억해 말하도록 유도한다.

이전 단계에서 사용한 신호를 대화문의 순서대로 보여주며 학습자들이 문장을 기억해보게 한다.

단계 4: 대화문을 의미 단위로 나누어 연습을 하게 한다.

대화문을 몇 개의 의미 단위로 쪼개어 연습시킨다.

1	Jose	Excuse me. I lost my jacket.
2	Mrs. Johnson	What color is it?
	Jose	It's blue.
3	Mrs. Johnson	Is it light blue or dark blue?
	Jose	It's dark blue.
4	Mrs. Johnson	What size is it?
	Jose	It's large.
5	Mrs. Johnson	Is this it?
	Jose	Yes, it is. Thank you very much.
	Mrs. Johnson	You're welcome.

단계 5: 목적에 맞게 다양한 유형의 연습을 시킨다.

대화문을 목적에 따라 다르게 연습시킬 수 있다.

1) 반복 연습(repetition drill)

반복 연습은 문장을 듣고 정확한 발음으로 따라 말하게 하는 목적
에 적합하다. 문장의 길이가 길 경우 문장을 몇 조각으로 쪼개어 따
라 말하게 하기도 한다.

> T: What color is it?
> S: What color is it?
> T: It's blue.
> S: It's blue.

2) 역행 구조 연습(backward buildup drill)

이 연습은 문장의 다양한 억양을 익히는데 사용된다. 문장을 따라
말하되 문장의 끝 부분부터 따라 말하게 하기 때문에 문장 끝의 억
양 곡선을 연습하기에 적합하다. 길이가 긴 문장을 연습할 때도 자
주 사용된다.

> T: I lost my jacket. Jacket.
> S: Jacket.
> T: My jacket.
> S: My jacket.
> T: Lost my jacket.
> S: Lost my jacket.
> T: I lost my jacket.
> S: I lost my jacket.

3) 대체 연습(substitution drill)

대체 연습은 청화식 말하기 수업의 대표적인 연습 유형이다. 이 유형은 문장 구조의 패턴을 익히고 대체 가능한 어휘를 연습하는데 주효하다. 문장의 기본 골격을 유지하면서 교사가 제시하는 신호에 해당하는 어휘를 대체하며 말하는 것이다. 교사는 실물이나 그림, 제스처 등 시각 단서를 제공하며 단어를 발음해 줄 수도 있고 시각 단서만 제시할 수도 있다.

> T: I lost my jacket.
> S: I lost my jacket.
> T: (모자 그림을 보여준다)
> S: I lost my hat.
> T: (스웨터 그림을 보여준다)
> S: I lost my sweater.

4) 변형 연습(transformation drill)

변형 연습은 문법을 연습하는데 사용된다. 대화문의 기본 문장 패턴을 반복 연습이나 대체 연습으로 충분히 연습한 뒤 기본 문장 패턴을 다른 문장 패턴으로 변형하는 연습을 할 때 사용된다. 예를 들어 대화문의 문장이 평서/긍정문이라면 평서/긍정문을 듣고 교사의 큐에 따라 부정문이나 의문문으로 변형하여 말하는 것이다. 또는 문장 패턴은 그대로 사용하되 교사의 큐에 따라 주어의 성이나 수에 일치하는 동사의 형태로 변형하여 말하거나 시제를 바꾸어 말하는 연습을 하기도 한다.

T: It's blue.
S: Is it blue?
T: It's green.
S: Is it green?

T: It's blue.
S: It's not blue.
T: It's green.
S: It's not green.

T: I like this jacket. He.
S: He likes this jacket.
T: We.
S: We like this jacket.
T: Tom and Mary.
S: Tom and Mary like this jacket.

5) 문답 연습(question/answer drill)

문답 연습은 학습자들 간에 서로 질문과 대답을 하며 연습을 하는 데 적합하다.

T: My jacket is blue.
S1: My jacket is green. What color is yours?
S2: My jacket is white. What color is yours?

6) 학생들끼리 짝을 지어 연습하게 한다.

7) 다양한 상황을 연출하여 대화문을 적용해보게 한다.

3.2 정보 차(information gap) 활동

정보 차 활동은 각자 지닌 정보의 양에 차이가 있는 두 명 이상의 학습자들이 정보를 주고 받는 활동이다. 이 활동 유형은 사람들의 실제 대화에서 대화 참여자들 간에 정보 차가 존재한다는 믿음에 근거한다. 예를 들어 우리가 시간을 모를 때 즉 시간에 대한 정보가 없을 때 그에 대한 정보를 얻기 위해 "What time is it?"이라는 표현을 상대방에게 말한다. (몇 시인지 알면서 상대방에게 시간을 물어보는 경우에는 상대방에게 다른 의도가 있을 것이다.) 따라서 "What time is it?"이라고 묻고 답하는 의사소통 교실활동에서 학습자 한 명에게는 시간 정보를 제공하고 다른 학습자에게는 시간 정보를 제공하지 말아야 한다. 두 학습자가 나란히 앉아 같은 시계를 보면서 "What time is it?"이라고 묻고 답하는 수업 상황은 의사소통활동이 아니라 "What time is it?"이라는 표현을 단순히 연습하는 상황인 것이다.

이와 같이 정보 차 활동에서 두 명의 학습자들이 의사소통 활동을 하는 경우 한 사람은 정보가 있고 다른 사람은 정보가 없다. 이들이 의사소통 과업을 수행하려면 정보가 없는 학습자가 정보가 있는 학습자에게 외국어로 질문을 하여 필요한 정보를 얻어야 한다. 이 경우 정보의 흐름이 어느 한 사람에게서 다른 한 사람에게로만 흘러가는, 즉 한 쪽 방향으로 흘러가는 형태이므로 일방향(one-way) 상호작용 활동이다. 또는 두 명의 학습자에게 각기 다른 정보를 반씩 나누어주고 서로에게 질문을 하여 각자에게 없는 정보를 얻게 할 수도 있다. 이 경우에는 서로 간에 정보를 주고 받는 양방향(two-way) 상호작용 활동이다.

<정보 차 활동의 상호작용 유형과 정보의 흐름>

상호작용의 유형	정보 흐름의 방향
일방향(one-way)	S1 → S2
양방향(two-way)	S1 ⇄ S2

세 명 이상의 학습자에게 각기 다른 정보를 나누어 주고 서로 상호작용을 통해 정보를 교환하게 할 수도 있다. 세 명 이상의 학습자들이 정보를 교환하여 각각 정보의 공백을 메우는 유형은 직소(jigsaw) 활동이라고도 한다.

학습자들은 활동을 완수하기 위해 외국어로 정보를 교환해야 하므로 정보를 구하는 입장일 때는 필요한 정보를 얻기 위해 질문해야 하고 정보를 제공하는 입장일 때는 상대방의 말을 주의 깊게 듣고서 상대에게 필요한 정보를 말해주어야 한다. 따라서 정보 차 활동은 궁극적으로 언어의 정확한 '형태'도 중요하지만 우선은 의사소통의 성공을 위해 '메시지의 전달'에 초점을 맞추어야 한다.

서로 메시지를 전달하고 받는 상황에서 외국어를 배우는 단계인 학습자들은 완벽하지 못한 표현을 사용하기도 하는데, 이 과정에서 상대방에게 자신의 메시지를 이해시키거나 상대방의 메시지를 이해하기 위해 다양한 의미 협상을 경험하게 된다. 예를 들어, 자신의 말을 상대방이 이해했는지를 묻는 이해 점검(comprehension check), 자신이 상대방의 말을 제대로 이해했는지 확인 차 묻는 확인 점검(confirmation check), 상대방 말의 메시지를 제대로 이해하지 못했을 때 상대방에게 명확하게 다시 말해달라고 요청하는 명료화 요청

(clarification request), 자신의 말을 잘 전달하기 위해 반복하거나 다른 표현으로 바꾸어 말하기(repetition or paraphrase) 등이 의미 협상 상황에서 벌어지는 행위들이다. 이러한 의미 협상(negotiation of meaning) 과정을 통해 학습자들은 진정한 의사소통을 교실에서 경험하게 되고 이는 교실 밖 실제 상황에서 성공적으로 의사소통하게 되는 바탕이 된다.

<상호작용에서의 의미 협상 유형>

유형	특징
이해 점검 (comprehension check)	자신이 한 말을 상대방이 이해했는지 확인
확인 점검 (confirmation check)	상대방의 말을 자신이 잘 이해했는지 확인
명료화 요청 (clarification request)	상대방에게 말의 의미를 명료하게 해달라고 요청
반복 (repetition)	의미 확인을 위해 자신의 말을 반복하거나 상대방의 말을 반복
다른 표현으로 바꾸어 말하기 (paraphrase)	자신이 한 말을 다른 표현으로 바꾸어 다시 말하기

정보 차의 정도는 학습자의 외국어 수준에 따라 조정할 수 있다. 가령, 기초 단계의 학습자들에게는 정보 차를 작게 하여 한 두 개의 단어(예: 물건의 가격, 주소, 생일, 전화번호 등)로 빠진 정보를 표현하게 한다. 상급 수준의 학습자들에게는 정보 차를 상대적으로 크게 하여 다양하고 복잡한 표현(예: 지리 설명하기)을 사용하여 빠진 정보를 주고받게 한다.

정보 차 활동을 성공적으로 이끌기 위해서 교사는 학습자들이 활동을 개시하기 전에 확인해야 할 사항들이 있다.

1) 과업을 수행하는데 필요한 언어 표현을 학습자들이 알고 있는가?
2) 과업이 무엇이고 어떻게 수행해야 하는지 학습자들이 알고 있는가?

정보 차 활동에 필요한 언어 표현은 가능한 학습자들이 익히 배워 알고 있는 것이어야 바람직하다. 과업이 무엇이고 어떻게 수행해야 하는지 알아도 필요한 언어 표현을 모르면 외국어로 정보를 교환하며 과제를 완수하는 것은 불가능하다. 따라서 교사는 정보 차 활동에 필요한 표현을 이전 차시 수업에서 미리 학습시키거나 학습자들이 이미 알고 있는 표현을 활용하여 수행할 수 있는 정보 차 활동을 구안해야 한다. 또한 이미 배운 표현이라 하더라도 과제 개시 직전에 간단한 사전 활동(pre-activity)을 통해 상기시키는 것이 중요하다. 반면에 과제 수행에 필요한 언어 표현을 알고 있다하더라도 과제의 목표를 이해하지 못하고 어떤 절차와 역할 분담으로 과제를 수행해야 하는지 모를 때에도 성공적인 과제 수행은 불가능하다. 이를 방지하기 위해 교사는 과제를 말로만 설명하지 말고 실제 과제 수행과 동일하게 시범을 보여주어서 학습자들이 분명하게 과제를 이해하게 해야 한다.

다음 예시 수업(Howard & Savage, 1992)을 살펴보자.

● 수업 개요

- 주제(Topic): Shopping
- 목표(Objective): The students will be able to describe the lost item to find it.
- 어휘(Vocabulary):
  Colors: Blue, gray, pink, brown, black, white
  Items of clothing: Jacket, hat, sweater, coat, purse, umbrella, vest
  Adjective: Dark, light, small, medium, large
- 의사소통기능(Communicative Functions): Describing the lost item of clothing
- 실생활 기능(Life Skills): Finding back a lost item of clothing

● 대화문

Customer:	Excuse me. I lost my jacket.
Clerk:	What color is it?
Customer:	It's blue.
Clerk:	Is it light blue or dark blue?
Customer:	It's dark blue.
Clerk:	What size is it?
Customer:	It's large.
Clerk:	Is this it?
Customer:	Yes, it is. Thank you very much.
Clerk:	You're welcome.

● 절차

단계 1. 상황을 제시한다.

단계 2. 역할과 역할에 필요한 자료를 설명한다. 학생 한명을 나
오게 하여 각자 역할을 맡고 자료를 나누어 가진다.

> T: I am a clerk, and Susan is a customer.
> This is an envelop.
> In this envelop, there are small pictures of clothing.
> Susan, the customer, pick one picture from the envelop.
> Don't show it to me.
> The picture you chose is the clothing item you lost.
> You lost that clothing yesterday.
> I, the clerk, have this sheet.
> Look at this sheet.
> In this sheet you can see many different pieces of clothing.
> This sheet is "Lost and Found".

Susan, you'll have to come to the lost and found and ask for the lost item.

Don't show the picture to me.

You'll have to describe your lost item.

Then I'll listen and find the right picture from this sheet.

단계 3. 활동을 시연한다.

Susan: (학생이 봉투에서 작은 진분홍색 원피스 그림을 뽑고 나서 말한다.) Excuse me. I lost my dress.

Teacher: What color is it?

Susan: It's pink.

Teacher: Is it light pink or dark pink?

Susan: It's dark pink.

Teacher: What size is it?

Susan: It's small.

Teacher: Is this it? (활동지에서 진분홍색 원피스를 가리키며)

Susan: Yes, it is. Thank you very much.

Teacher: You're welcome.

단계 4. 학생들에게 자료를 나누어주고 활동 절차를 설명한다. 우선 짝을 짓고 역할을 배정한 뒤 자료를 나누어준다.

T: Make a pair with your partner.

The student on the right side, you are Student A.

The one on the left side, you are Student B.

Student A, you are the clerk. You get the sheet.

Student B, you'll be the customer. You get the envelop.

그런 뒤 활동의 절차를 설명해준다.

T: Students B, you lost your clothes.

Pick one small picture from the envelop.

That's the one you lost.

Look at the picture and think about how to describe it.

Don't show it to your partner.

Describe your lost item to the clerk.

Student A, you ask questions about the color and size of the clothes.

Listen very carefully and find the right one from the sheet.

If you find the right one, point at it and ask, "Is this it?"

단계 5. 활동을 시작시키고 모니터한다.

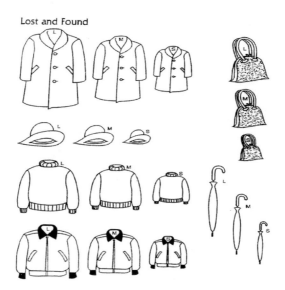

Student A's sheet (Howard & Savage, 1992)

3.3 역할 놀이(role-play)

역할 놀이는 정보 차 활동과 더불어 의사소통중심의 수업에서 자주 사용되는 활동 유형이다. 이 활동의 목적은 학습자들에게 실생활 상황에서 나타나는 예측 불가능한 언어를 다룰 수 있는 경험을 제공하여 교실 밖에서 효과적인 의사소통을 할 수 있도록 준비시키는 것이다. 학습자들은 즉흥적으로 각자 맡은 역할을 수행해야 한다. 최종 결과보다 역할을 수행하는 과정이 더 중요하다 그러므로, 학습자들은 대본이나 대화문을 읽거나 암기하여 말하는 것이 아니라 즉흥적으로 대화 상대자와 의사소통에 참여해야 한다. 그러기 위해서는 상대방의 말을 주의 깊게 듣고 적절한 반응을 할 필요가 있다. 상황에 맞는 표현의 다양성과 상상력이 허용되는 것도 그러한 이유에서이다.

정보 차 활동과 마찬가지로 역할 놀이도 언어 표현의 정확성보다는 유창성에 무게를 둔다. 교사는 학습자들이 역할 놀이를 성공적으로 수행할 수 있도록 촉진시키는 기능을 하며, 필요시에 학습자들이 궁금해하는 언어 표현을 제공해주기도 한다. 오류 수정은 학습자의 오류가 의사소통의 붕괴를 초래하는 경우에 한한다. 학습자들은 이미 학습했던 언어 표현들(언어 형식과 의사소통기능)을 역할 놀이가 제공하는 새로운 상황 속에서 교사의 통제를 받지 않으며 자유롭게 통합하는 경험을 하게 된다.

학습자들은 의사소통기능(의사소통의 목적), 사회적 환경(의사소통 장소), 의미역(의사소통에 참여하는 대화자들 간의 관계) 등을 고려하여 각각의 상황에 맞게 언어 표현을 선택할 수 있다. 상황에 맞는 언어 표현을 선택하여 말하는 연습을 함으로써, 학습자들은 실제 교실 밖 대화에서 원어민 화자들과 성공적으로 의사소통할 수 있는 능력을 기르게 된다. 이렇게 다양한 언어 표현을 선택할 수 있는 기회를 제공하는 역할 놀이는 의사소통이 어느 정도 가능한 수준의 학습자들에게 적합하지만, 언어 표현을 어느 정도 통제하고 역할 놀이 상황을 구조화하여 제시한다면 중급 이하의 학습자들에게도 유용하다. 역할 놀이는 다양한 실생활 상황을 교실로 가져와서 학습자들이 여러 언어 표현들을 실험적으로 사용하며 의사소통할 수 있는 기회를 제공한다.

다음 수업(Bitterlin & McMullin, 1992)을 예시로 살펴보자.

● 수업 개요

· 주제(Topic): Shopping
· 목표(Objective): The students will be able to return or exchange an item of clothing.
· 어휘(Vocabulary):
  Names of articles of clothing
  Adjective: Pretty, small, too small, big, too big
  Verb: Exchange, return
  Noun: Receipt
· 의사소통기능(Communicative Functions): Stating a problem, making a request
· 실생활 기능(Life Skills): Returning and exchanging merchandise

● 대화문

Clerk:	May I help you?
Customer:	Yes, please. This dress is too small.
Clerk:	Do you have a receipt?
Customer:	Yes, here it is.
Clerk:	Do you want to exchange it or return it?
Customer:	I want to ...

● 절차

단계 1. 상황을 제시한다.

> T: Suppose your mother bought you a dress at the store yesterday.
> But the dress is too small for you.
> You want to exchange it.
> So you go to the store.

단계 2. 대화문을 유도한다. 교사가 대사를 먼저 말하기 보다는
해당 상황에서 벌어질 대화의 흐름을 학생들과 토의하며
흐름에 적절한 언어 표현을 학생들에게서 이끌어 낸다.

> T: Now you are at the store. (칠판에 가게를 그리며)
> The clerk greets you. (칠판에 점원 얼굴을 그리며)
> What will he say?
> S1: May I help you?
> S2: Can I help you?
> T: Good. He will say, "May I help you?"
> Look at this face. It's you. (칠판에 사람 얼굴을 그리며)
> Then you will answer.
> What would you say?
> S3: Yes, please.
> T: Good. "Yes, please."
> And now you say your problem. (옷을 들어 보이며)
> What would you say?
> Ss: My dress is too small.
> T: Good. "My dress is too small."
> Then what will the clerk want from you? (영수증을 들어 보이며)
> S1: Receipt.
> T: Right. So he will say ...?

Ss: Do you have a receipt?

T: Great. "Do you have a receipt?"
And you give the receipt, and say ...? (영수증을 주는 동작을 하며)

Ss: Yes.

T: Good. You'll say, "Yes, here it is."
And the clerk will ask, which do you want, this (돈을 가리키며) or this (다른 옷을 가리키며)? So he will ask you ...? (다시 돈과 다른 옷을 번갈아 가리키며) Do you want ...?

Ss: Do you want to return it ...

T: Or...?

Ss: Or do you want to change it?

T: Exchange it?

단계 3. 대화문을 다시 확인해본다. 학생들과 대화문을 처음부터 끝까지 다시 되풀이하며 말해본다. 이때에도 학습자들에 게서 언어 표현을 말해보도록 힌트를 주며 이끌어 낸다.

단계 4. 역할 놀이를 시작하게 한다. 역할 놀이를 할 때 다음과 같 이 한다.

1) 역할 놀이에 필요한 인원수보다 한 명이 더 많게 그룹을 구성 하게 한다. 예시 수업에서 필요한 역할은 모두 2명이므로 3명 씩 그룹을 짓게 한다.

2) 역할을 나눈다. 2명은 각각 역할을 맡고 나머지 1명은 관찰자 기능을 수행한다.

3) 학습자들은 서로 역할을 바꾸어가며 역할 놀이를 수행한다.

4) 점원과 손님 역할을 맡은 학생들은 역할 카드(role card)를 보며 옷 그림 자료를 활용하여 역할 놀이를 한다. 역할 카드는 우리 말로 작성해도 된다.

5) 관찰자는 역할 놀이 점검표(role-play checklist)를 보며 모니터를 한다. 점검표는 우리말로 작성해도 된다.

<역할 카드(손님용)>	<역할 카드(점원용)>
1. Choose a picture.	1. Find out the customer's problem.
2. Look at the picture and find out the problem.	2. Ask for the receipt.
3. Decide options:	3. Suggest options:
A. Returning	A. Returning
B. Exchanging	B. Exchanging

<역할 놀이 점검표(관찰자용)>

역할	해야 할 말	수행 여부	
		Yes	No
Clerk	Greeting		
Customer	Saying the problem		
Clerk	Asking for the receipt		
Customer	Giving the receipt		
Clerk	Suggesting options		
Customer	Choosing solution		

이상에서 살펴본 바와 같이 역할 놀이는 상황을 제시하고 모델 대화문을 구성하는 단계에서 학습자들과 함께 적절한 표현을 생각하고 토의하는 방식을 취한다. 따라서 상황에 맞는 표현을 생각해보고 즉각적으로 선택하여 말하는 역할 놀이를 제대로 수행하기 위해서는 역할 놀이에 필요한 언어 표현들을 학습자들이 대부분 잘 알고 사용할 수 있어야 한다. 이러한 역할 놀이 과정을 통해 학습자들은 주어진 상황 속에서 자신의 의도에 맞게 표현을 즉각적이고 자발적으로 사용하는 경험을 함으로써 언어의 유창성과 자발성을 기르고 새로운 상황에서 의사소통할 수 있는 적응력을 개발할 수 있다.

4. 초등영어 교과서의 말하기 활동

단원의 여러 차시 중 말하기 수업에 해당하는 차시의 수업 계획을 초등영어 국정 교과서를 예로 하여 살펴보자. 교사용 지도서에 실린 3학년 10단원의 전체 계획을 보면 1차시 및 2차시의 Listen & Repeat, 3차시의 Look & Speak, 1,2,3차시의 Let's Play, 4차시의 Let's Role-play 등이 말하기 활동에 해당한다. 우선 3학년 10단원의 교사용 지도서 및 학생용 교과서의 해당 부분을 살펴보고, 말하기 활동 중에서 Listen & Repeat과 Let's Role-play의 지도 절차를 알아보자.

교과서 샘플 단원: 3학년 10단원

[학습 목표]

듣기

  1. 할 수 있는 일을 묻고 답하는 말을 듣고 이해한다.

  2. 도움을 청하는 말을 듣고 이해한다.

말하기

  1. 할 수 있는 일에 관하여 묻고 답한다.

  2. 도움을 청하는 말을 한다.

의사소통기능

  1. 가능, 불가능 표현하기(Can you swim? Yes, I can/No, I

can't.)

2. 도움 요청하기(Help!)

언어 형식

I can _____. Can you _____?

어휘

can, dance, fly, great, help, jump, on, run, sure, swim, wait

[단원 지도 계획]

차시	학습 단계	학습 활동
1	Look and Listen (1) Listen and Repeat (1) Let's Play (1)	CD-ROM 타이틀 보며 듣기 듣고 따라 말하기 추측하기 놀이하기
2	Look and Listen (2) Listen and Repeat (2) Let's Chant Let's Play (2)	CD-ROM 타이틀 보며 듣기 듣고 따라 말하기 "Help Me, Please!" 챈트 동전전달하기 놀이하기
3	Look and Speak Let's Sing Read and Write Let's Play (3)	그림 보고 말하기 "Can You Swim?" 노래하기 알파벳(Dd~Ff) 읽기 및 쓰기 말판 놀이하기
4	Let's Role-Play Let's Review	"토끼와 거북" 역할놀이 복습하기

● 교과서 말하기 활동의 대본

1st Period

Listen & Repeat (1)

1. Thomas: I can skate.   Minsu: I can ski.
2. Mina: Can you swim?   Tony: Yes, I can.
3. Mina: Help! Help!   Minsu, Thomas: Wait! We're coming.

2nd Period

Listen & Repeat (2)
1. Julie: Can you jump?   Thomas: Yes, I can.
2. Tony: Can you fly?   Minsu: No, I can't.
3. Tony: Can you skate?   Mina: Sure, I can.

3rd Period

Look & Speak

1. Zeeto: I can swim.   2. Thomas: Can you fly, too?
   Minsu: Can you swim?   Zeeto: Sure, I can.
   Zeeto: Yes, I can.

4th Period

Let's Role-play: Rabbit and the Turtle

Turtle: I can swim. Can you swim?   Rabbit: Thanks. I can run. Can you run?
Rabbit: Yes, I can. Look.   Turtle: Sure, I can.
Turtle: Oh, no.   Rabbit: Oh, no! You are great!
Rabbit: Help! Help!   Turtle: Thanks.
Turtle: Wait! I'm coming.

4.1 Listen & Repeat 지도 절차

3학년 10단원 1차시와 2차시의 교과서 구성을 보면 Listen & Repeat 이전에 Look & Listen이라는 듣기 활동이 선행된다. 대화문 듣고 이해하기 활동에 이어 Listen & Repeat은 다음과 같은 순서로 지도한다.

단계 1. 동영상 보기(Let's watch the screen)
동영상을 보며 짧은 대화문을 듣는다.

단계 2. 듣고 따라 하기(Listen and repeat)

대화문을 한 문장씩 듣고 따라 말한다. 따라 말하는 연습은 기계적인 활동이므로 지루하지 않도록 짧은 시간에 집중적으로 해야 효과적이다.

단계 3. 연습하기(Let's practice)

본격적으로 다양한 유형의 말하기 연습을 한다. 청화식 말하기 수업에서처럼 반복 연습, 대체 연습, 변형 연습 등을 할 수 있다. 개별 단어나 문장을 반복 연습할 때는 아래 표의 왼쪽 칸에서 보듯이 교사가 먼저 시범을 보이고, 학급 전체가 따라 말하기, 그룹별로 따라 말하기, 한 명씩 따라 말하기 순서로 진행한 뒤 마지막으로 확인 차 전체 학급이 따라 말하는 순서로 연습할 수 있다. 대화문 전체를 말하는 연습을 할 때는 표의 오른쪽 칸에서 보듯이 교사와 학생 한 명이 먼저 시범을 보이고, 그 다음에 학생 두 명을 지명하거나 자원 받아서 대화문을 말해보게 한 뒤에 둘씩 조를 지어 대화문을 연습하게 한다. 짝 활동을 마치면 한 두 개의 조를 지명하거나 자원 받아 대화문을 수행해보게 한다.

<듣고 따라 말하기 지도 절차>(Cross, 1999)

Procedure for drilling (1) words/sentences	Procedures for drilling (2) dialogs
Step 1. T modeling Step 2. Whole class repetition Step 3. Half class repetition Step 4. Repetition in groups Step 5. Repetition individually Step 6. Public check	Step 1. T-S modeling Step 2. Public pairs Step 3. Private pairs Step 4. Public check

4.2 Let's Role-Play 지도 절차

Let's Role-play는 역할 놀이에 해당하는 활동으로서 Listen & Repeat이 정확한 말하기를 목표로 하는 것과는 달리 유창성을 목표로 한다. 국정 교과서의 교사용 지도서를 보면 다음과 같은 순서로 지도하게 되어있다.

● 수업 절차 1 (교사용 지도서에 제시된 절차)

단계 1. Let's look at the pictures.
교과서에 실린 4컷 연속 그림을 보고 대화의 상황과 등장인물 및 대강의 줄거리를 파악하게 한다.

단계 2. Let's watch the screen.
동영상을 틀어 대화문을 들려준다.

단계 3. Listen & repeat.
동영상을 한 문장씩 끊어서 들려주거나 교사가 자신의 말로 들려주고 학생들이 따라 말하게 한다.

단계 4. Let's role-play.
그룹별로 역할을 맡아 역할 놀이를 수행하게 한다.

이와 같은 절차는 아직 영어 능력이 충분히 개발되지 않은 초보 단계의 학습자들이 실수 없이 안전하게 대화문을 말할 수 있도록 하기 위한 것이다. 하지만 역할 놀이 활동의 기본 취지를 고려할 때, 대화문을 듣고 따라하게 하면 자칫 대화문을 연극 대본처럼 한 치의 오차 없이 암기해야 한다는 잘못된 인식과 부담을 지우게 되므로 바람직하지 못하다. 그보다는 학생들이 교과서 그림과 음소거한 상태로 동영상 화면만을 보고 주어진 상황에서 등장인물들이 어떤 말을 할까를 생각하며 전 차시에 학습한 표현들을 역할 놀이라는 상황에 적용해보도록 기회를 주는 것이 더 바람직하다. 이러한 취지를 살린다면 다음과 같은 절차로 수업을 진행할 수 있다.

● 수업 절차 2

단계 1. Let's look at the pictures.
교과서에 실린 4컷 연속 그림을 보고 대화의 상황과 등장인물 및 대강의 줄거리를 파악하게 한다.

단계 2. Let's watch the screen (with the sound off).
음소거한 상태로 동영상 화면을 보여준다. 화면을 보고 등장인물들이 어떤 말을 할지 생각해보게 한다.

단계 3. Look and speak.
교과서 그림이나 음소거한 상태로 동영상을 보면서 등장인물이 할 말을 학생들에게서 유도해낸다.

단계 4. Let's role-play.

그룹별로 역할 놀이를 수행하게 한다. 앞에서 살펴본 역할 놀이 점검표를 학생들에게 나누어주고 이를 가이드 삼아 역할 놀이를 수행하게 하면 효과적이다.

● **수업 절차 3 (즉흥적 역할극)**

교과서의 그림이나 동영상을 사용하지 않고 즉흥 역할 놀이 (improvised role-play)를 진행할 수도 있다. 이것이 가장 역할 놀이의 본래 목적에 맞는 방식이다.

단계 1. Describe the setting.

교사는 대화가 벌어질 상황을 제시한다. 칠판에 그림을 그리거나 미리 준비한 그림을 붙이고 손 인형 등 시각 자료를 사용하면 효과적이다.

단계 2. Invite volunteers.

등장인물의 인원수대로 자원자를 받아 교실 앞으로 나오게 한다.

단계 3. Assign roles.

각자에게 역할을 부여한다.

단계 4. Prompt the exchanges.

교사가 학생들 뒤에 서서 한 명씩 대화의 순서대로 큐를 주고 대사를 즉석에서 말해보게 한다. 큐를 줄 때 그림이나 제스처, 마임 등을 사용하거나 모국어로 큐를 줄 수도 있다. 가령 Rabbit 역할을 맡은 학생에게 "거북이에게 수영할 수 있는지 물어보세요."라고 큐를 준다. 또 Turtle 역할을 맡은 학생에게는 "수영을 잘 한다고 말하세요."라고 큐를 준다.

4.3 교과서의 정보 차 활동의 지도 절차

교과서의 Let's Play 활동 중에는 게임이나 조사 활동이외에도 정보 차 성격의 활동들이 있다. 다음은 4학년 5단원 3차시의 Let's Play 지도 절차이다.

● **4학년 5단원 WHAT TIME IS IT?**
LET'S PLAY 3 (3차시)

● **수업 절차**

단계 1. Model the activity.
교사는 학생 1명과 정보 차 활동의 시범을 보여준다. 시범에 사용하는 지도는 교과서에 실린 지도와는 다른 지도를 사용하는 것이 좋다.

단계 2. Relate the map and roles.
둘씩 짝을 지어 교과서에 실린 지도 중 한 개씩 선택하고 각자 알아내어야 할 정보가 무엇인지 확인하게 한다.

단계 3. Do the activity.

정보 차 활동을 수행한다. 서로 상대방의 지도를 보지 않도록 주의하게 한다. 오로지 외국어로 묻고 답함으로써 필요한 정보를 주고받을 수 있도록 독려한다.

단계 4. Report the activity.

서로 얻어낸 정보를 확인하고 결과를 발표하게 한다.

Part 4

읽기 지도

1. 읽기 기능의 이해

읽기 기능은 듣기 기능과 마찬가지로 들어오는 정보를 처리하고 이해하는 이해 기능(receptive skill)이다. 읽기와 듣기의 차이점은 전자가 문자로 된 정보를 처리하여 이해하는 기능이라면 후자는 소리로 된 정보에 대한 것이라는 점이다. 문자로 된 정보를 접하여 처리하고 이해하는 과정을 단계로 구분한다면 이는 문자를 해독하는 '문자 해독'(decoding) 단계와 그 이후 내용 또는 의미를 파악하는 '의미 파악'(comprehension) 단계로 구분할 수 있다.

읽기 과정의 단계	1 단계: 문자 해독 2 단계: 의미 이해

다음과 같은 문장을 읽고 그 의미를 이해하는 과정을 생각해보자.

I enjoy reading in the hammock by the sea.

문장의 왼쪽에서부터 오른쪽으로 각 단어의 철자를 읽어가며 전체 문장을 읽음으로써 알파벳 기호로 적힌 일련의 연속체를 소리로 풀어내는 과정은 '문자 해독' 단계에 해당한다. 문자 해독을 마쳤다고 해서 이 문장의 의미가 이해된 것은 아니다. 예를 들어 교사가 어떤 학생에게 문장을 읽어보라고 요청했을 때, 그 학생이 모든 단어를 정확하게 발음하고 강세와 억양을 적절하게 표현하며 위 예시 문장을 소리 내어 읽었지만 이 문장이 의미하는 바를 이해하지 못했을 가능성이 있다. 모든 단어를 정확하게 발음하였지만 'enjoy'나 'hammock'이라는 특정 단어의 의미를 알지 못할 수도 있고, 모든 단어의 의미는 알지만 문장 구조를 이해하는데 어려움을 겪어 전체 문장의 의미를 제대로 파악하지 못할 수도 있다. 이런 경우 해당 학생은 영어로 적힌 문자는 해독을 했지만 의미 이해 단계에는 이르지 못한 것이다. 이와 유사하게 우리는 외국어 학습자가 자신의 읽기 능력을 벗어난 수준의 지문을 읽고 그 지문의 내용을 이해하지 못하는 경우를 종종 접하게 되는데 이 경우도 '문자 해독'은 하였으나 '의미 이해' 단계에는 이르지 못한 것이라 할 수 있다. 따라서 읽기 능력이라는 것은 단지 기호 문자를 해독하는데 그치는 것이 아니라 해독한 것의 의미를 이해하는 능력을 의미하는 것이라고 보아야 한다. 따라서 읽기 기능을 지도한다는 것은 두 단계 즉 'decoding'과 'comprehension'을 모두 지도하는 것이다.

읽기를 지도하는 여러 방법들은 지향점이나 강조점이 어디에 있느냐에 따라 구분된다. 파닉스 또는 음철법(phonics)은 '문자 해독' 단계를 강조하며 총체적 언어 접근법(whole language approach)은 '의미 이해' 단계를 강조한다.

우선 파닉스는 철자-발음 상응 관계(letter-sound correspondence)를 규칙으로 학습함으로써 주어진 문자를 보고 파닉스 규칙을 적용하여 소리로 해독하는 능력을 기르는 것을 목표로 한다. 파닉스로 수업을 받은 학습자는 낯선 단어가 주어져도 그 단어를 구성하는 철자들을 보고 파닉스 규칙을 적용하여 소리 내어 읽을 수 있다. 예를 들어 철자 p, h, m, e, n이 각각 /p/, /h/, /m/, /e/, /n/으로 소리 난다는 것을 학습한 학습자는 전에 배운 적이 없는 다음 단어들이 주어졌을 때에도 소리 내어 읽을 수 있다.

pen	hen	men

파닉스는 이와 같이 학습하지 않은 어휘도 읽을 수 있는 능력을 길러준다는 장점이 있지만, 앞서 언급하였듯이 읽기 단계 중 문자 해독 단계의 능력을 목표로 하기 때문에 별도로 학습하지 않는 이상 그 어휘의 의미 이해를 반드시 보장해주지는 못한다. 파닉스는 이를 보완하기 위해 규칙을 지도하고 규칙이 적용되는 단어를 소개할 때 그 단어의 의미를 그림으로 제시함으로써 단어의 발음과 의미를 같이 학습하게 하는 방식을 취하고 있다. 또한 이렇게 배운 단어들로 구성된 문장을 지도하기도 한다. 예를 들면 c, h, m, a, t의 철자와 발음 관계를 규칙으로 지도하고 cat, hat, mat 등의 단어를 해당 그림으로 제시하여 학습하게 한 뒤 다음 문장을 제시하며 규칙을 적용하고 읽어보게 하는 것이다.

```
T: C says /k/. H says /h/. M says /m/ ...
   /k/, /k/, cat. (고양이 그림 제시)
   /h/, /h/, hat. (모자 그림 제시)
   /m/, /m/, mat. (매트 그림 제시)
   A cat is on the mat. (고양이가 매트 위에 앉아 있는 그림 제시)
   A hat is on the mat. (모자가 매트 위에 놓여 있는 그림 제시)
```

그러나 여전히 파닉스에서는 단어의 문자 해독이 수업의 주안점이며, 문장 단위 이상의 읽기를 본격적으로 지도하는 방법은 아니다. 문자 해독 단계를 강조하는 파닉스와는 반대로 의미 이해 단계를 강조하는 교수법이 바로 총체적 언어 접근법(whole language approach)이다.

총체적 언어 접근법은 파닉스와 근본적인 차이점이 있다. 우선 수업의 시작 단계와 수업의 강조점이 문자 해독에 있는 것이 아니라 전체 텍스트의 '내용 이해'에 있다. 나이 어린 학습자들을 대상으로 하는 수업에서 철자와 발음 규칙에 수업 시간을 할애하기 보다는 어린 학습자들이 좋아할 만한 문학 작품(literature)을 교실에 가져와서 함께 읽으며 내용을 이해하고 감상하는 시간을 갖는다.

둘째, 수업 시간에 문학 작품을 학습자들과 함께 읽으며 감상한다는 점에서 알 수 있듯이, 파닉스처럼 수업을 위해 인위적으로 만들어진 학습 교재가 아니라 순수하게 읽혀지기를 목적으로 쓰인 실제 텍스트(authentic text)를 읽기 자료로 사용한다는 것이다. 총체적 언어 접근법을 적용한 수업에서 주로 읽혀지는 텍스트는 아이들이 좋아하는 동화나 동시이며, 때로는 문학 장르를 벗어나 실생활에서 접하는 문자로 된 모든 주변 인쇄물(environmental print)[6]들이 읽기의

---

6) 주변 인쇄물이란 학습자가 주변에서 접하는 문자로 된 모든 종류의 인쇄물을 말한다. 거리에서

대상이 되기도 한다.

셋째, 총체적 언어 접근법은, 읽기의 기본 단계라고 간주되는 문자 해독을 명시적으로 강조하여 가르치지 않고도 텍스트의 내용을 이해하도록 지도하는 방식을 취하기 때문에, 이 수업에서 주로 읽기 자료로 사용되는 텍스트는 '예측 가능한 이야기'(predictable stories) 라는 독특한 형식을 갖는다는 특징이 있다. 이 예측 가능한 이야기는 전체 텍스트를 통해 이야기가 전개되는 동안 예측 가능한 요소들이 반복적으로 출현하여 학습자가 일일이 세세한 문자 정보를 처리하지 않고도 전체 이야기의 흐름을 이해하도록 도와준다. 예측 가능한 이야기에서는 특정 사건이 여러 번에 걸쳐 반복하여 발생하는 이야기 구조를 갖기 때문에 특정 단어와 문장 구조가 반복적으로 사용된다. 이야기 속에서 반복되는 단어와 문장 구조는 학습자가 이야기를 여러 번 읽을수록 더 자주 반복하여 접하며 자연스럽게 학습하게 되는 것이다. 널리 읽히는 예측 가능한 이야기 중에 하나인 "농부와 빨간 무"(*Farmer and the Beet*)라는 길지 않은 이야기에서는 주인공 농부가 다섯 마리의 동물들을 만나는 과정에서 다음과 같은 대화가 5번이나 반복이 된다.

> Will you help me pull up the beet?
> I want to eat the beet for dinner.
> Sure, I'll help.

주인공인 농부가 도움을 받는 동물들이 한 마리씩 더 늘어날 때마

보이는 간판, 매일 배달해서 먹는 우유 상자나 과자 봉지에 적힌 글자들, 가전제품 위에 붙어있는 상표에 적힌 글자 등 학습자들이 실생활 속에서 접하게 되는 모든 문자들이 읽기 수업의 대상이 될 수 있다.

다 다음과 같이 문장 구조가 반복되며 점진적으로 누적되기도 한다.

The farmer pulled on the beet. But the beet did not come up.

The horse pulled on the farmer. The farmer pulled on the beet. But the beet did not come up.

The cow pulled on the horse. The horse pulled on the farmer. The farmer pulled on the beet. But the beet did not come up.

The dog pulled on the cow. The cow pulled on the horse. The horse pulled on the farmer. The farmer pulled on the beet. But the beet did not come up.

The cat pulled on the dog. The dog pulled on the cow. The cow pulled on the horse. The horse pulled on the farmer. The farmer pulled on the beet. But the beet did not come up.

The mouse pulled on the cat. The cat pulled on the dog. The dog pulled on the cow. The cow pulled on the horse. The horse pulled on the farmer. The farmer pulled on the beet. And the beet came up!

이러한 이야기 구조 속에서 학습자들은 교사가 손가락으로 글자를 가리키며 이야기를 읽어주는 동안 특정 단어(farmer, horse, cow, dog, cat 등)와 문장(pulled on the ...)을 반복적으로 접하게 되고, 이야기를 여러 번 되풀이 하여 읽는 동안 반복 노출되는 단어와 문장을 스스로 읽을 수 있게 되는 것이다. 이런 읽기 수업 방식은 읽기 지도를 문자 해독 차원이 아니라 시각 어휘(sight vocabulary)[7] 차원

---

7) 시각 어휘는 일견 어휘라고도 한다. 어떤 단어를 읽을 때 단어의 철자를 왼쪽에서 오른쪽으로 하나씩 확인하고 전체 단어의 의미를 이해하는 방식이 아니라 단어 하나를 한 번에 통째로 보고 확인함으로써 바로 그 단어의 의미를 이해한다면 그 단어는 시각 어휘라고 할 수 있다. 예를 들어 'library'라는 영어 단어가 주어졌을 때 왼쪽에서부터 하나씩 'l-i-b-r-a-r-y' 철자를 확인하면

에서 학습하게 하는 방식이다.

넷째, 파닉스가 '문자 해독' 단계를 강조하면서 읽기 지도의 '상향식 접근법'(bottom-up approach)[8] 을 지향하는 것과 달리 총체적 언어 접근법은 '의미 이해'를 강조하면서 읽기 지도의 '하향식 접근법'(top-down approach)을 지향한다. 따라서 파닉스와 달리 총체적 언어 접근법에서는 학습자의 이전 경험과 학습 지식을 '스키마'(schema)로 하여 텍스트의 의미를 이해하는 발판이 되도록 읽기 수업을 진행한다. 읽기 수업에 학습자의 경험을 관련지음으로써 읽기 활동은 기계적인 학습이 아니라 학습자에게 의미 있는 경험 활동이 되는 것이다.

다섯째, 파닉스는 철자-발음 상응 관계를 규칙으로 학습하는 것이 수업의 주요 활동이며, 문장 읽고 쓰기까지 확장되기도 하지만 대개는 발음 지도 및 간단한 단어 읽고 쓰기에 그치는 경우가 일반적이다. 이에 반해 총체적 언어 접근법은 '실제 텍스트'를 읽기 자료로 하여 수업을 하면서 다양한 읽기 활동을 하는 동안 자연스럽게 텍스트 수준의 쓰기, 담화 수준의 듣기와 말하기 활동으로 확장된다. 예

서 단어를 이해하는 것이 아니라 'library'라는 단어를 마치 하나의 그림 이미지처럼 한 번에 보고 바로 단어를 이해한다면 이 단어는 해당 학습자의 시각 어휘가 된다. 읽기 학습에서는 단어를 읽는 속도가 읽기의 유창성(fluent reading)과 밀접한 관계가 있다. 따라서 읽기 학습의 초기에는 '시각 어휘'를 많이 확보하도록 지도할 필요가 있다.

8) 우리가 문자 언어 자료를 읽을 때 우리 마음속에서 일어나는 과정에는 상향식 처리 방식, 하향식 처리 방식, 그리고 이 두 가지 처리 방식이 서로 상호작용하는 상호작용 처리 과정 방식(interactive processing)이 일어난다. 텍스트를 읽을 때 시각을 통해 들어오는 일련의 문자 정보들을 순서대로 처리하며 철자 → 단어 → 구 → 문장 → 텍스트의 이해로 진행하는 처리 방식을 상향식이라고 한다. 텍스트를 읽을 때 읽는 독자가 사전 경험과 학습을 통해 머릿속에 구축해 지니고 있는 스키마(schema)를 작동하여 텍스트를 이해하는 처리 방식은 하향식이라고 한다. 둘 중 하나의 처리 방식에 지나치게 의존하는 경우에는 읽기 과정에서 오류가 발생하게 된다. 우리가 모국어로 된 텍스트를 읽을 때에는 이 두 가지 처리 방식이 자연스럽게 상호작용하게 된다. 반면 제한된 외국어 읽기 능력을 가지고 있는 학습자가 외국어 텍스트를 읽을 때에 주로 상향식 처리 방식에 의존하는 경향이 있다. 이런 경우 텍스트를 다 읽고 난 후에도 텍스트를 제대로 이해하지 못하거나 잘못된 방향으로 이해할 수 있다. 유창한 읽기 능력의 독자는 이 두 가지 처리 방식의 상호작용을 통해 텍스트의 의미를 효과적으로 이해한다.

를 들면, "골디락스와 곰 세 마리"(*Goldilocks and the Three Bears*)를 읽고 난 뒤 '뒷 이야기'(sequel) 써보기, '책 다시 만들기'(recreation) 또는 '이야기 바꾸어 쓰기'(innovation) 등의 활동을 할 수 있다. 또는 주인공 골디락스를 인터뷰 하는 활동을 하거나 '뜨거운 의자'에 앉히고 청문회처럼 집중 질문을 하는 '뜨거운 의자 앉기'(hot seating) 활동을 하면서 듣기와 말하기가 통합된 활동을 할 수도 있다. 이와 같이 총체적 언어 접근법은 하나의 텍스트를 자료로 하여 읽기를 중심으로 나머지 언어 기능을 통합적으로 지도하는 텍스트 수준에서의 '언어 기능 통합'(integration of four language skills)이 가능하다.

학습자는 파닉스를 통해 영어의 철자와 음의 관계를 파악하고 단어를 읽을 수 있으며 총체적 언어 접근법을 통해 실제 사용되는 언어(language in use)로서의 텍스트를 이해하는 능력을 개발할 수 있다.

총체적 언어 접근법에서는 텍스트가 언어 학습만을 목적으로 하기 보다는 즐거운 읽기 경험을 제공하기 위한 목적이 크다. 즉 읽기 자체를 위한 읽기이다. 반면 파닉스에서 사용하는 문장은 학습한 규칙을 적용해 볼 수 있는 단어들로 구성된 학습 목적의 텍스트라고 할 수 있다. 즉 학습을 위한 읽기이다. 후자가 규칙 학습을 위한 읽기라면 전자는 즐거움을 위한 읽기(reading for pleasure)[9]라고 할 수 있다.

일반적으로 즐거움을 위한 읽기 활동에는 일상생활에서 모국어로 된 재미있는 추리 소설을 읽거나 잡지를 읽는 활동이 해당된다. 외국어인 경우 텍스트의 수준이 학습자의 수준에 비해 어렵지 않고 길

---

[9] 읽기 활동은 텍스트를 읽는 목적에 따라서 즐거움을 위한 읽기(reading for pleasure)와 학문 목적의 읽기(academic reading) 또는 정보를 얻기 위한 읽기(reading for information)로 구분된다.

이가 긴 편인 텍스트 읽기가 해당된다. 우리가 여가 시간에 추리 소설을 읽고 독해 문제를 풀지 않듯이 외국어 수업에서도 마찬가지로 연습 문제를 풀거나 다른 후속 학습 활동을 하지는 않는다. 또한 텍스트를 여러 번 반복하여 읽기 보다는 또 다른 텍스트를 골라 다시 즐겁게 읽는다. 이런 종류의 읽기를 폭 넓게 읽기 즉 '다독'(extensive reading)이라고 한다. 외국어 학습에서 다독은 순수하게 읽기 경험을 쌓기 위한 활동이다. 읽기 능력은 읽기 경험을 통해 길러진다.

반면에 어떤 텍스트는 집중하여 텍스트로부터 특정 지식을 학습하기 위해 읽는다. 우리가 모국어로 전공 도서를 읽는 경우가 이에 해당한다. 학습해야 할 지식이 빽빽하게 적혀있는 텍스트를 꼼꼼하게 필요하다면 몇 번이고 기억할 때까지 읽는다. 이를 집중하여 읽기 즉 '정독'(intensive reading)이라고 한다. 외국어 읽기에서 정독은 비교적 길이가 짧고 학습해야 할 언어 항목들이 의도적으로 삽입되어 있는 텍스트를 읽는 것이다. 예를 들어, '과거의 경험'을 표현하는 것이 학습의 목표라면 이 목표에 따라 준비된 읽기 자료는 '과거의 경험'을 표현하는 문장 구조(예, watched a movie, went camping)와 '과거 시간'을 표현하는 단어(예, last weekend, last summer)들이 의도적으로 삽입된 텍스트를 읽는 것이다. 외국어 수업에서 읽기 텍스트를 읽기 전이나 읽고 난 후 목표 문장 구조와 단어에 대한 학습, 그리고 독해 문제 풀이와 단어 및 문법 연습문제 풀이 등이 학습자에게 제공된다. 외국어 읽기 수업에서 다독에 사용되는 텍스트가 즐겁게 읽힐 수 있도록 학습자의 현재 수준에 비해 어렵지 않은 수준이라면, 외국어 수업에서 정독에 사용되는 텍스트는 새로 학습하는 단어 및 문장 구조를 담고 있기 때문에 학습자의 현재 수준에 비해 다소 어려운 수준을 유지한다.

일반적으로 정독 수업에는, 외국어 학습자들의 읽기 능력을 단계적으로 개발하기 위해 텍스트에서 사용되는 어휘와 문장 구조가 단계적으로 통제된 '단계별 읽기 책'(graded readers)이 사용된다. '단계별 읽기 책'은 매우 단순한 기초 어휘와 문장 구조로 텍스트가 구성된 초급 단계의 책에서부터 시작하여 단계가 올라갈수록 어휘와 문장 구조 수준이 점점 높아지는 고급 단계의 책에 이르기까지 여러 단계의 책들로 구성된다. 다음은 Ladybird 출판사에서 발행된 'Ladybird Graded Readers'의 책들이다.

<Ladybird 출판사의 Graded Readers 목록>

Grade 1	The Enormous Turnip Goldilocks and the Three Bears Billy Goats Gruff Hansel and Gretel The Elves and the Shoemaker The Sly Fox and Red Hen	
Grade 2	Town Mouse and Country Mouse The Ugly Duckling Three Little Pigs Red Riding Hood Peter and the Wolf Rapunzel	
Grade 3	The Pied Piper of Hamelin Gingerbread Man Jack and the Beanstalk The Magic Stone Wizard of Oz Heidi	

다음은 각각 Grade 1, Grade 2, Grade 3에 해당하는 책의 일부분이다. 어휘와 문장 구조에 어떤 차이가 보이는지 알아보자.

Grade 1 [The Elves and the Shoemaker]

p. 4 Here is the shoemaker.
p. 6 This is the shoemaker's wife.
p. 8 They have no money.
p. 10 The shoemaker is in his shop.
p. 12 The shoemaker says, "I'm tired. I'm going to bed."
p. 14 The next day the shoemaker comes downstairs.
   He goes into his shop.

Grade 2 [Town Mouse and Country Mouse]

p. 40 The next day Town Mouse and Country Mouse go to the park.
   They play with a ball. They are happy.
p. 41 Then Country Mouse sees a dog. The dog wants their ball.
   Country Mouse is afraid. He runs away.
   He jumps into the water.
p. 42 Country Mouse sees a carpet cleaner in the house.
   He is afraid. He runs away again.
p. 43 "Come into this hole, Country Mouse!" Town Mouse says, "Hurry! Hurry."
p. 44 This cat wants to catch Town Mouse and Country Mouse.
   They are in the hole.
p. 45 Country Mouse says, "I don't like the town. I want to go home."

Grade 3 [Heidi]

p. 37
Every day Heidi goes to the top of the mountain with Peter and the goats. Then one day Heidi gets a letter. The letter is from Clara. Clara and her grandmother are coming to see Heidi. Heidi does not go up the mountain with Peter. She stays at home. She is waiting for her friends.
p. 38
Heidi waits and waits. Then she sees some men. They are carrying Clara up the mountain. Clara's grandmother is there, too. Heidi is very happy. They talk and talk. Heidi's grandfather asks Clara, "Do you want to stay here with us?"
p. 39
"Yes, please," Clara says, "Can I stay, Grandma?" "Yes, you can," Clara's grandmother says. "I'll come back for you in a few days." That night the two girls sleep in the hay loft. They are very happy.

위 세 개의 텍스트에서 보듯이 Grade 1에서 Grade 3로 올라갈수록 한 페이지에 들어가는 단어와 문장의 수 그리고 단어와 문장의 길이가 점점 늘어나며, 단어의 수준과 문장의 수준도 점점 높아지는 것을 알 수 있다. 이와 같이 단계별 읽기 책은 해당 단계에서 학습하는 어휘와 문장을 텍스트에 넣어 텍스트를 집중적으로 읽음으로써 어휘와 문장을 단계적으로 학습해나갈 수 있도록 고안된 읽기 자료이다. 우리나라 교과서의 독해 부분도 이 단계별 읽기 책과 동일한 성격이라고 볼 수 있다.

2. 읽기 지도에서 고려할 사항

바로 앞 절에서 읽기 과정에 대한 학습을 하였는데, 이를 바탕으로 하여 읽기 지도에서 고려해야 할 사항을 다음과 같이 제안할 수 있다.

2.1 균형 있는 읽기 수업을 하라

앞 절에서 살펴본 것처럼 읽기 과정은 '문자 해독' 단계와 '의미 이해' 단계로 이루어진다. 읽기는 단순히 문자를 보고 소리 내어 읽는 기계적인 활동이 아니라 텍스트를 읽고 그 의미를 이해하는 단계까지 포함하는 것이다. 따라서 외국어 읽기를 지도할 때에는 이러한 과정에 필요한 능력을 학습자가 갖추고 사용할 수 있는 방식으로 수업이 이루어져야 한다.

<균형 있는 읽기 수업>

균형 있는 읽기(balanced reading)		
문자 해독(decoding): **철자-발음 관계 파악** [파닉스(phonics)]	**시각 어휘** **(sight vocabulary)**	의미 이해(comprehension): **상황 맥락 속 의미 이해** [총체적 언어 접근법(WLA)]

발음과 철자 규칙을 통해 단어를 보고 읽을 수 있는 능력을 길러주고, 시각 어휘의 수를 점진적으로 많이 늘려줌으로써 초기 단계에서 효율적으로 읽기가 가능하도록 도와주고, 이전 경험과 지식을 텍스트와 관련지음으로써 상황 맥락 정보를 이용하여 텍스트의 이해를 높이는 능력을 길러주어야 한다. 따라서 어느 한 가지의 방법에만 치중할 것이 아니라 여러 방식을 적절한 비율로 사용하는 균형 있는 읽기 수업이 되도록 해야 한다.

2.2 문자언어 입력을 학습자의 수준에 맞추어라

읽기 수업에서는 텍스트 즉 읽기 자료가 매우 중요하다. 읽기 자료가 곧 읽기 활동의 입력이 되기 때문이다. 그러므로 읽기 수업을 할 때 텍스트의 수준을 학습자의 수준에 맞추어야 할 필요가 있다. 듣기에서 음성 언어 자료를 통해 입력을 제공할 때 학습자의 현재 수준에서 약간 웃도는 '이해 가능한 입력'(comprehensible input)을 제공하는 것과 마찬가지로 읽기에서도 문자 언어 자료를 통해 입력을 제공할 때 학습자의 현재 읽기 수준에서 약간 웃도는 '이해 가능한 입력'을 제공해야 한다.

우리나라 초등영어 수업처럼 주어진 교과서를 사용하는 경우에는 이미 읽기 자료가 정해져 있다. 우리나라 초등영어교육은 초등영어가 처음 정규교과로 자리매김하던 때부터 지금까지 음성언어 활동이 주를 이루고 문자언어 활동은 음성언어를 보조하는 성격을 지니고 있다. 초등영어교육 원년(1997년)에 비해 현행 교육과정 체제하에서는 문자언어의 비중이 늘었다고는 하나 여전히 음성언어의 비중보다 낮다. 이에 따라 교과서의 지면이나 수업 활동의 개수에서도 문자언어의 비중이 적은 편이어서 초등영어 교과서를 펼쳐보면 문자언어가 매우 제한적으로 실려 있음을 알 수 있다. 이렇게 초등영어 교과서의 읽기 자료는 매우 적은 비중을 차지하고 있어서 사실 교사의 입장에서 텍스트의 수준을 학습자의 수준에 맞추는 작업을 따로 할 필요가 거의 없다.

하지만 교과서에 제시된 문자언어의 양이 적다고 하여 텍스트의 수준에 대한 고민으로부터 교사가 해방되는 것은 아니다. 오히려 적기 때문에 교사는 학습자가 읽어야 할 텍스트를 더 준비해야 할 필요가 생긴다. 우리나라 초등영어교육의 환경이 학교 영어 수업 밖에서는 영어를 접할 기회가 없는 EFL(English as a foreign language) 환경10)이므로 우리나라 초등영어 학습자들의 읽기 교육을 위해서 교사는 교실에서 문자언어 입력을 꾸준히 제공해야 할 필요가 있는 것이다. 학습자가 문자언어 환경에 꾸준히 노출될 수 있도록 교실 환경을 조성하거나 수업 시간 활동이나 과제 활동으로 읽기 자료를 다

---

10) 영어를 학습하는 환경은 그 환경에서 영어가 사용되는 목적에 따라 구분된다. 영어가 일상적인 의사소통의 목적으로 사용되는 언어 환경에서 영어를 학습하게 되는 경우에 그 환경을 ESL(English as a second language)이라고 하며 영어가 학교 교과목으로서 단지 학교 수업 시간에만 사용되는 언어 환경에서 영어를 학습하게 되는 경우에는 그 환경을 EFL(English as a foreign language)이라고 한다. 한국인이 미국, 캐나다, 영국과 같이 영어가 의사소통을 위해 사용되는 국가에 이민이나 유학을 가서 영어를 배우게 되는 경우가 전자에 해당하며, 한국인이 한국에서 수업시간이나 학원에서 영어를 배우게 되는 경우는 후자에 해당한다.

양한 형식으로 만들어보게 해야 한다. 예를 들면, 표지판, 간판, 출석부, 사물의 이름표 등 다양한 형식의 주변 인쇄물(environmental print)을 학생들과 제작하여 교실 벽에 붙일 수도 있고, 교과서에서 학습한 표현들을 이용하여 그림이나 사진을 곁들인 책을 만들어 학급에 비치하거나 시간표, 알림판 등을 만들 수도 있으며, 역시 교과서에서 배운 표현을 응용하여 교사와 학생 또는 학생끼리 메모를 주고받게 할 수 있다.

이러한 활동을 하는 경우 의욕이 과하여 학습자의 읽기 수준을 지나치게 뛰어 넘게 되면 오히려 학습자에게 부담이 되고 읽기에 대한 자신감과 흥미가 떨어질 수 있다. 반드시 학습자에게 적절한 수준의 문자언어 입력을 제공함으로써 학습자의 읽기 능력을 점진적으로 향상시킨다는 본래의 취지를 잊지 말아야 한다.

2.3 충분하고 다양한 읽기 경험을 하게 하라

학습자들의 읽기 능력을 효과적으로 향상시키기 위해서는 충분하고 다양한 읽기 경험을 제공하는 것이 바람직하다. 1절에서 살펴보았듯이 외국어로서의 영어 읽기의 목적은 단지 영어 어휘와 문장 구조를 학습하기 위한 것만은 아니다. 물론 어휘와 문장 구조를 텍스트 속에서 확인하고 학습하는 것도 중요한 영어 학습 활동이다. 하지만 영어 읽기 능력의 향상을 위해서 특히 읽기의 유창성을 높이기 위해서 그리고 본래의 읽기 목적 중 하나인 '읽는다는 행위 자체를 통해 즐거움을 얻기 위해'(reading for pleasure) 영어 텍스트를 읽어야 할 필요도 있는 것이다. 또한 학습자들이 배운 표현들로 구성된 텍스트를 읽으며 필요한 정보를 얻을 수 있는 기회 즉 '정보를 위한 읽기'(reading for information) 기회를 제공할 필요도 있다. 예를 들면, 날씨 표현(sunny, cloudy, rainy, snowy)을 배운 학습자들에게 세계 여러 지역의 내일 날씨(weather for tomorrow)에 대한 정보를 제공하는 텍스트를 뉴스 형식으로 제공해줄 수 있다.

이를 위해 학습자들이 정독과 다독 활동을 골고루 경험하고 즐거움이나 정보를 얻기 위해 텍스트를 읽을 수 있는 경험을 다양하고 충분히 제공하는 것은 학습자들의 읽기 능력 향상에 도움이 될 뿐만 아니라 진정한 의미에서의 의사소통을 위한 읽기가 될 것이다.

3. 읽기 지도 방법

이 절에서는 읽기 기능을 강조하는 파닉스, 총체적 언어 접근법, 언어 경험 접근법의 지도 절차에 대해 알아보자.

3.1 파닉스(phonics)

파닉스는 1절에서도 설명하였듯이 철자-발음 상응 관계(letter-sound correspondences)를 규칙화하고 이를 일정한 순서대로 제시하고 학습하게 함으로써 주어진 철자의 단어가 어떻게 발음되는가 그리고 주어진 단어가 어떻게 철자로 표기되어야 하는가에 대한 지식과 능력을 길러주는 것을 목적으로 한다. 파닉스는 기본적으로 단어를 읽고 쓰는 것을 가르치는 교수법이므로 이를 지도하는 데에는 철자-발음 상응 관계를 나타내는 '파닉스 규칙'(phonics rule)과 이를 구현하는 '단어'들이 기본 학습 자료이다.

교재마다 차이는 있지만 일반적으로 파닉스는 [자음-모음-자음][CVC] 구조를 갖는 1음절 단어들을 예시로 하여 다음과 같이 일정한 순서를 밟아 제시한다.

<파닉스(phonics)의 자음 모음 지도 순서>

consonant	onset → coda	t _ _ → _ _ t
	single → blend → digraph	s → st → sh
vowel	short → long	son → stone

1) 자음(consonant)은 음절 내의 위치에 따라 음절의 첫소리 자음(onset)부터 제시한 뒤 음절의 끝소리 자음(coda)을 제시한다.

2) 단자음을 먼저 제시한 뒤 혼합자음(blend)이나 이중자음(digraph)을 제시한다. 혼합자음은 첫소리나 끝소리에서 자음 두 개 또는 세 개가 연속하여 하나씩 소리 나는 경우이다. 예를 들어 bl, pl, sp, st, str, spr 등이 여기에 해당한다. 이중자음은 두 개의 자음이 하나의 소리로 구현되는 경우이다. 예를 들어 ph, ch, th, sh, gh 등이 여기에 해당한다.

<혼합자음(blend)과 이중자음(digraph)의 예시>

blend	bl	blue, black, block
	pl	play, plum, plow
	sp	spin, spill, spot
	st	stop, stand, stone
	str	strike, strong, stream
	spr	spring, sprout, spray
digraph	ph	graph, phone, phoenix
	ch	chicken, child, cherry
	th	thigh, thin, mouth
	sh	sheep, ship, shine
	gh	cough, laugh, rough

3) 모음(vowel)은 단모음(short vowel)부터 제시한 뒤 장모음(long vowel)을 제시한다.

4) 자음을 제시할 때는 그 자음 음소(phoneme)와 변별적 자질 (distinctive feature)[11]을 갖는 자음 음소를 서로 짝지어 제시하기도 한다.

<자음 제시의 예시>

b sounds like /b/	bat
p sounds like /p/	pat
t sounds like /t/	top
m sounds like /m/	mop

---

11) 음소(phoneme)는 의미의 차이를 초래하는 최소의 음 단위를 말한다. 이러한 음소를 구분해주는 특징을 변별적 자질(distinctive feature)이라고 한다. 어떤 음이 음소인가 아닌가는 언어에 따라 다르다. 예를 들어 영어의 /b/와 /p/는 각각 음소이다. '야구 방망이'를 의미하는 영어 단어인 bat은 첫소리 자음 /b/를 /p/로 바꾸게 되면 전혀 다른 의미('톡톡치다')의 단어인 pat이 된다. 그러므로 이 두 소리는 각각 영어의 음소인 것이다. 그리고 이 두 소리를 구분해주는 특징 즉 '성대 울림'(voicing)은 변별적 자질이라고 한다. 음소 /b/는 '유성음'(voiced)이고 음소 /p/는 '무성음'(voiceless)이다. 이렇게 영어에서 성대 울림 여부는 하나의 음소를 다른 음소와 구분해주는 변별적 자질이다.

파닉스로 읽기를 지도하는 경우 다음과 같이 수업을 구성하고 지도할 수 있다.

● 수업의 개요

주제(Topic): b /b/
목표(Objective): The students will be able to read the words that begin with /b/.
어휘(Vocabulary): (복습 어휘) carrot, can, cup (신출 어휘) bat, boy, bear, ball, box, bell, baby, book

● 절차

단계 1. 철자-발음 규칙 제시

교사는 다음과 같이 규칙을 제시한다.

T: B says /b/, /b/, /b/, /b/, /b/. (철자를 보여주며)

단계 2. 단어 제시

그림과 함께 단어를 예로 제시한다.

T: /b/, /b/, bat. (그림을 보여주며)
/b/, /b/, boy. (그림을 보여주며)
/b/, /b/, bear. (그림을 보여주며)
/b/, /b/, ball. (그림을 보여주며)

단계 3. 연습하기

여러 단어를 그림과 함께 제시하고 철자-발음 규칙을 연습하게 한다.

T: Say the name of each picture.
Write the beginning letter.

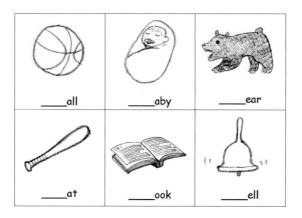

단계 4. 식별하기

다른 철자-발음 규칙과 섞여 있는 연습지를 주고 식별해보게 한다.

T: Color the pictures that begin with /b/.

3.2 총체적 언어 접근법(whole language approach)

총체적 언어 접근법은 1절에서 설명한 바와 같이 예측 가능한 이야기를 텍스트로 하여 읽기 중심의 수업을 진행한다. 수업을 크게 세 단계로 구분하여 텍스트 읽기 전(pre-reading), 읽기 중(while reading), 읽기 후(post-reading) 단계에서 읽기와 다른 언어 기능을 통합하는 활동 그리고 다른 교과 내용을 통합하는 활동을 경험하게 한다. 다음은 Addison-Wesley 출판사의 ESL Level A에 나오는 *Goldilocks and the Three Bears* 이야기를 텍스트로 하는 총체언어수업의 예시이다(Schottman, 1989).

● 수업의 개요

텍스트(Text): Goldilocks and the Three Bears
주제(Topic): Bears, opposites, numbers, size
목표(Objective): The students will be able to read and understand the story.
어휘(Vocabulary): bear, big, medium, small, porridge, bowl, kitchen, chair, living room, bed, bedroom, too, hot, cold, hard, soft
자료: 큰 책(Big Book)

● 이야기

[Scene 1]
Once upon a time there were three bears, a Papa Bear, a Mama Bear, and a Baby Bear. One day the three bears sat down to breakfast.

[Scene 2]
"This porridge is too hot!" said Papa Bear.
"This porridge is too hot!" said Mama Bear.
"This porridge is too hot!" said Baby Bear.
"Let's go for a walk," said Mama Bear.
"When we come back, our porridge will be just right."

[Scene 3]
Along came Goldilocks. She walked into the house. She saw three bowls of porridge.
"This porridge is too hot!" said Goldilocks.
"This porridge is too cold!" said Goldilocks.
"This porridge is just right!" said Goldilocks. And she ate it all up.

[Scene 4]
Then Goldilocks went into the living room. She saw three chairs.
"This chair is too hard!" said Goldilocks.
"This chair is too soft!" said Goldilocks.
"This chair is just right!" said Goldilocks. The CRASH the chair broke.

[Scene 5]
Goldilocks felt tired. She went into the bedroom. She saw three beds.
"This bed is too hard!" said Goldilocks.
"This bed is too soft!" said Goldilocks.
"This bed is just right!" said Goldilocks. And she fell fast asleep.

[Scene 6]
The three bears came home. They went into the kitchen.
"Someone's been eating my porridge," said Papa Bear.
"Someone's been eating my porridge," said Mama Bear.
"Someone's been eating my porridge," said Baby Bear. "And they ate it all up!"

[Scene 7]
The three bears went into the living room.
"Someone's been sitting in my chair," said Papa Bear.
"Someone's been sitting in my chair," said Mama Bear.
"Someone's been sitting in my chair," said Baby Bear. "And now it's broken!"

[Scene 8]
The three bears went into the bedroom.
"Someone's been sleeping in my bed," said Papa Bear.
"Someone's been sleeping in my bed," said Mama Bear.
"Someone's been sleeping in my bed," said Baby Bear. "And here she is!"

[Scene 9]
Goldilocks woke up. She saw three angry bears looking at her. Goldilocks jumped out of the bed. She ran out of the house. And she never came back again!

The End

● 절차

단계 1. 읽기 전 활동

교사는 텍스트를 읽기 전에 학생들을 준비시킨다.

1) 진짜 곰 사진 여러 장과 이야기 속 곰 그림 여러 장을 보여주며 분류해보게 한다.

> T: Which one is real?
> Which one is make-believe?
> Which one do you like best?

2) 이야기 책 표지 그림을 자세히 보여주며 다음과 같이 등장인물과 이야기의 내용에 대해 추측해보게 한다.

> T: This is Goldilocks.
> What is Goldilocks doing?
> Where is she? Is she in her own house?
> Or in the three bears' house?
> Why do you think so?
> How many bear faces do you see on the bed?

단계 2. 함께 읽기 활동(Shared Reading)

이제 교사는 Big Book을 이젤에 올려 놓고 그림을 보여주며 이야기를 감정을 실어 실감나게 읽어준다.

1) 소리 내어 읽기(Reading Aloud): 교사는 큰 소리로 이야기를 읽는다. 읽는 동안 학생들이 그림을 보며 이야기의 내용을 추측해보게 한다. 이야기를 한 번에 처음부터 끝까지 읽어 준 다음, 두 번째 읽을 때는 페이지를 넘길 때마다 학생들에게 다음과 같이 질문을 하며 이야기의 이해를 돕는다.

T: [Scene 1]
Where is Goldilocks now?
Where are the bears?

[Scene 3]
Whose porridge is too hot?
Whose porridge is just right?
Whose porridge did she eat?
Was that a nice thing to do?

[Scene 4]
What happened to Baby Bear's chair?
Which is Papa/Mama Bear's chair?

[Scene 5]
Point to Mama Bear's bed.
Where is Goldilocks sleeping?
What do you think will happen next?

[Scene 6]
Who ate Baby Bear's porridge?
Are the bears happy?
Where will they go next?

[Scene 7]
Whose chair did Goldilocks break?
Are the bears happy or angry?

Where will they go next?

[Scene 8]
Who did the bears see in the bed?
Are they happy now?
What will happen to Goldilocks?

[Scene 9]
Where is Goldilocks going?
Will she come back again?

Which scene do you like most?
Show me the picture you like best.

2) 이야기 읽기(Building Literacy Skills): 교사가 이야기를 한 쪽씩 다시 읽는다. 학생들이 텍스트에 관심을 갖도록 다음과 같이 질문을 던지며 읽는다.

T: [Scene 1]
Where is the word [Bears]?

[Scene 2]
Can you find the words [too hot]?

[Scene 3]
Point to the word [porridge].
How many words [porrridge] do you see?
Can you point?

[Scene 4]
Can you see the pattern?
Papa Bear, Mama Bear, Baby Bear.

3) 소리 내어 읽기(Reading Aloud): 교사가 소리 내어 이야기를 다시 읽는다. 이번에는 학생들이 읽을 수 있는 부분은 학생들과 함께 읽는다. 이야기에서 후렴처럼 반복되는 표현들(예, This porridge is too hot! This chair is too hard! This bed is too hard!)은 기억하기 쉽고 따라 읽기 쉽다. 학생들이 읽을 때 이야기의 흐름을 기억하며 읽도록 한다. 원하는 만큼 반복하여 읽도록 하고, 특히 학생들이 읽고 싶어 하는 장면은 여러 번 읽는다. 그 외에 다음과 같이 다양한 방법으로 읽을 수 있다.

- 소집단별로 한 쪽씩 돌아가며 읽는다.
- 소집단별로 역할(Papa Bear, Mama Bear, Baby Bear, Goldilocks, Narrator)을 나누어 읽는다.

단계 3. 읽기 후 활동

다음과 같이 다양한 활동을 읽기 후속으로 한다.

1) Acting Out Opposites: 음성언어 활동과 신체 활동. 반대되는 사물이나 동작을 몸으로 표현하고 말해본다.

big/little	stand up/sit down
hot/cold	wake up/go to sleep
fast/slow	talk loud/talk quiet
hard/soft	go upstairs/go downstairs
happy/angry	open/shut

2) Fact Sheet: 문자언어 활동. 이야기에 관련된 사실들을 정리하는 포스터를 만든다.

1. There were _____ bears in the Bear family.	5. The _____ Bear's chair was too hard.
2. Goldilocks' hair was _____.	6. There were _____ bear faces on the Baby Bear's bed.
3. She visited the _____ first.	
4. The _____ Bear's porridge was cold.	7. The bears found Goldilocks in the _____.

3) Touch and Tell (Size; Soft or Hard?): 음성언어와 과학 통합 활동. 학생들이 한 사람씩 눈을 가린 채 여러 크기와 촉감의 사물이 들어 있는 큰 박스에 손을 집어넣고 물건을 만진 다음과 같이 말해보게 한다.

> It's a big/medium/small bear.
> It's soft/hard.

3.3 언어 경험 접근법(language experience approach)

언어 경험 접근법은 음성언어와 연계하여 문자언어능력 특히 읽기를 지도하는 교수법이다. 이 교수법은 학습자의 언어를 읽기 자료(더 나아가 쓰기 자료)로 사용하는 방식을 취한다. 다음 인용문은 이 교수법의 특징을 잘 반영한다.

> What I can think about I can talk about.
> What I can say I can write.
> What I can write I can read.
> I can read what I can write and what other people write for me to read.
> (Allen, 1961)

이 인용문에서 보듯이 생각할 수 있는 것은 말할 수 있고 말할 수 있는 것은 쓸 수 있고 쓸 수 있는 것은 읽을 수 있다. 즉 학습자들은 자신이 말한 내용이 글로 적힌 텍스트는 그 내용을 (자신이 말한 것이므로) 알 수 있고 이해할 수 있다는 의미이다. 여기에서 우리는 이 교수법이 학습자들에게 읽힐 텍스트를 어떻게 마련하는지 알 수 있고 이 텍스트를 어떤 방식으로 지도하는지 짐작할 수 있다.

언어 경험 접근법은 이름이 시사 하듯이 학습자의 경험이 매우 중요한 위치를 차지한다. 교사는 우선 학습자들이 자신의 경험을 음성언어로 표현해보게 한다. 그런 뒤 교사가 학습자들의 경험을 문자화해서 제시하고 학습자들은 문자화된 자신의 경험을 읽는 것이다. 이렇게 학습자의 음성언어가 교사에 의해 문자언어로 전환된 글을 '언어 경험 이야기'(language experience story) 또는 짧게 줄여서 '이야기'(story)라고 부른다.

언어 경험 접근법에서 학습자의 경험은 이야기로 말할 수 있는 어떤 것도 다 포함한다. 예를 들면 샐러드 만들기와 같은 음식 만들기 경험, 동물원에 견학을 다녀온 경험, 놀이 공원에 다녀온 경험, 선거일에 투표를 한 경험, 과학 시간에 실험을 한 경험 등 어떤 경험도 이야기의 대상이 될 수 있다.

경험을 이야기로 만들어 읽는 과정을 도식화하면 다음과 같다.

<언어 경험 접근법(LEA)의 지도 절차 1>

학습자가 자신의 경험을 이야기한다.
↓
교사는 학습자의 이야기를 받아 적는다.
↓
교사와 학습자가 같이 읽는다.
↓
학습자가 혼자 읽을 수 있을 때까지 반복하여 읽는다.

이와 같은 절차로 이루어지는 언어 경험 접근법은 다음과 같은 특징을 갖는다.

첫째, 음성언어 학습에서 문자언어 학습으로 넘어가는 시기의 학습자에게 적합한 읽기지도방법이다. 학습자가 읽기 전에 우선 읽을 내용을 말로 표현하고 자기가 한 말을 교사가 글로 표현하는 과정을 지켜본다. 이러한 과정을 통해 학습자는 처음 접하는 읽기 경험에 생소함을 느끼지 않고 자연스럽게 문자언어에 접근하게 된다.

둘째, 학습자의 음성언어와 문자언어 사이에 다리를 놓아주는 역할을 한다. 학습자는 교사에 의해 자신의 말이 글로 전환되는 과정을 보며 자연스럽게 음성언어와 문자언어가 서로 연결되는 것을 이해할 수 있다.

셋째, 학습자가 자신의 경험을 우선 말로 표현하고 그 경험이 글로 적혀진 것을 읽기 때문에 학습자는 읽기 자료의 내용을 쉽게 이해할 수 있다. 학습자들이 읽기 활동에서 어려움을 느끼는 것은 '문자 해독'(decoding) 단계보다는 '의미 이해'(comprehension) 단계이다. 언어 경험 접근법은 바로 이 의미 이해를 수월하게 하도록 도와주는 방법이다. 이 교수법은 내용 이해를 읽기 과정의 출발점으로 하는 '하향식 읽기 과정'(top-down processing)을 강조하는 지도법이다. 자신이 말한 내용이 바로 읽기 자료의 내용이 되므로 내용 파악이 수월한 것이다.

넷째, 학습자 자신의 수준에 맞는 읽기 자료를 확보할 수 있다. 즉 학습자에게 '이해 가능한 입력'(comprehensible input)으로서의 읽기 자료를 마련할 수 있다. 읽기를 지도하는 교사가 마주치는 어려움 중 하나는 바로 학습자의 수준에 맞는 읽기 자료를 찾는 것이다. 우리나라 영어교육처럼 주어진 교과서를 중심으로 수업을 하는 경우 읽기 자료는 교과서 독해 부분으로 한정되며 1절에서 설명한 바와 같이 초등영어의 경우에 문자언어로 제시된 부분은 매우 제한적이기까지 하다. 학습자의 음성언어로 표현된 내용을 교사가 문자언어로 전환하여 그 학습자의 읽기 자료로 제시하는 언어 경험 접근법은 이러한 문제를 자연스럽게 해결해준다. 한 학급에 다양한 읽기 수준의 학습자들이 존재하는 경우에도 특정 학습자를 위하여 그의 경험을 문자언어로 전환하여 텍스트로 제공할 수 있다. 또한 여러 학습자의 경험을 문자언어로 전환하여 다수의 다양한 읽기 자료를 제작할 수 있으므로 학습자들에게 충분한 양의 텍스트를 제공해준다는 장점이 있다. 예를 들어 동물원을 견학한 학생들의 이야기를 읽기 자료로 만드는 경우 최대 그 학급의 학생 수만큼 많은 수의 이야기가 읽기 자료로 만들어지는 것이다. 모두 공통된 주제이기는 하지만 학생들 입장에서는 그 학생만의 이야기이기 때문에 이야기마다 다른 의미가 부여된다.

원래 이 언어 경험 접근법은 모국어 문자언어를 학습하지 못한 성인들을 대상으로 읽기를 지도하는 방법이었다(Howard, McMullin & Savage, 1992). 교사와 학생 간에 1대 1 방식으로 수업이 진행되었다. 교사가 학생의 개인적인 경험에 대해 묻고 학생이 답을 하면 교사는 학생이 이야기하는 동안 학생이 보는 앞에서 적어나간다. 그리고 학생은 교사와 함께 자신이 말 한 이야기를 읽는 법을 배우는 것이다.

이렇게 사용된 언어 경험 접근법이 ESL 학습자들에게 적용되었다. ESL 학습자들을 대상으로 한 수업에서 모국어 성인 학습자들에게 1대 1 방식으로 진행되었던 것과는 달리 학급 전체를 하나의 그룹으로 하여 진행되는 것이 일반적이다. 이런 경우 학습자들이 하나의 그룹으로서 하나의 이야기를 말 해야만 교사가 모든 학습자들을 대상으로 하나의 이야기를 칠판에 적을 수 있다. 그러므로 수업을 시작할 때 다음과 같이 교사가 학급 전체 학생들에게 '공통의 경험'(common experience)을 제공하는 단계가 필요하다.

<언어 경험 접근법(LEA)의 지도 절차 2>

학급 전체에 공통의 경험을 제공한다.
↓
학생들이 그 경험을 이야기한다.
↓
학생들이 이야기를 말 하면 교사는 받아 적는다.
↓
교사와 학습자가 같이 읽는다.
↓
학습자가 혼자 읽을 수 있을 때까지 반복하여 읽는다.

그러면 "making mint tea"를 주제로 한 수업 예시(Howard, McMullin & Savage, 1992)를 통해 언어 경험 접근법이 어떻게 읽기 지도에 적용되는지 알아보자.

● 수업의 개요

주제(Topic): Making mint tea
목표(Objective): The students will be able to read a short narrative describing the process of making mint tea.
어휘(Vocabulary): (Noun) tea, coffee, chocolate, tea bag, cup, water, spoon, sugar; (Verb) put, push, stir, take out, drink, wait
실생활 기능(Life skills): Making tea

● 이야기

Making Mint Tea

Take out the cup. Take out the tea bag.
In the cup. Put water in the cup.
Take a spoon. Stir. Take out the tea bag.
No sugar. Drink the tea. It's hot. Wait.

● 절차

단계 1. 학생들에게 공통의 경험을 제공한다.

교사는 학생들에게 민트 티를 만들어 보자고 제안한다. 교탁에 준비한 민트 티 재료를 하나씩 보여주며 학생들과 대화를 한다.

> T: We are going to make mint tea.
> Have you ever made it?
> What do we need to make mint tea?
> Look at what I've got here on the table.
> I've got cups, tea bags, hot water, a spoon, and some sugar.

학생들에게 민트 티를 만드는 과정을 물어보며 그 과정을 영어로 말해보도록 한다. 이때 학생들이 교사가 의도한 표현을 사용하여 답할 수 있도록 그 표현을 유도(elicitation)하는 것이 매우 중요하다. 학생들이 답으로 말하는 표현들이 나중에 이들이 다함께 읽어야할 '언어 경험 이야기' 즉 텍스트가 되기 때문이다. 특히 학급 학생들의 수가 많아질수록 다양한 표현들이 나올 수 있는데 어느 정도 일치된 표현들이 나올 수 있도록 교사는 사전에 행동이나 제스처와 함께 유도 발문(eliciting question)을 연구해야 한다.

T: **What should I do first?**
   What do I do? (컵을 집어 들면서)
Ss: Take the cup.
T: Okay. Take the cup. (컵을 꺼내는 동작을 다시 반복하면서)
   And what do I do now? (티백을 하나 꺼내면서)
Ss: Take out the tea bag.
T: Good. Take out the tea bag. (티백을 꺼내는 동작을 다시 반복
   하면서)
   And next?
   (티백을 컵에 넣는 동작을 하며)
Ss: Tea bag in the cup.
T: Great. Tea bag in the cup.
   And what do I do now?
   (보온병을 버튼을 가리키며)
Ss: Hot water.
T: Yes, **but how do I get water?**
Ss: Press the button.
T: Okay. Press the button. (버튼을 누르며)
   And then?
Ss: Put water in the cup.
T: Yes. Put water in the cup. (물을 컵에 따르며)
   Do I need sugar?
Ss: Yes. Put sugar in the cup.
T: Put sugar in the cup. (컵에 설탕을 넣으며)
   And I ...? (컵을 젓는 동작을 하며)
Ss: Stir.
T: **Then what do I need?**
   Take a ...? (스푼을 가리키며)
Ss: Take a spoon.
T: Okay. Take a spoon. **And ...?**
   (스푼을 집어 들고 젓는 동작을 하며)
Ss: Stir.
T: **And now I ... ?** (티백을 잡으며)

Ss: Take out the tea bag.
T: Yes, take out the tea bag. (티백을 꺼내며)
   Can I drink it now?
   (컵에 입술을 대고 뜨겁다는 제스처를 하며)
Ss: No. It's hot. Wait.
T: Right. It's hot. Wait.

위의 예시 발화에서 본 것처럼 교사는 학생들의 발화에 앞서 자신이 의도한 표현들이 학생들에게서 나올 수 있도록 유도하는 동작과 적절한 발문을 한다. 교사가 시범을 보이는 동작을 학생들이 말로 표현할 수 있도록 하려면 학생들이 이전에 학습한 표현들을 교사가 염두에 두고 있어야 한다. 즉 교사가 동작이나 발문으로 유도하려는 표현들과 이전에 학생들이 배운 표현들이 서로 잘 연계가 되도록 해야 한다.

위의 예시에 나타난 유도(elicitation)를 유형별로 살펴보면 다음과 같다.

<유도(elicitation)의 유형과 예문>

유형	예문
언어를 통한 유도	
포괄적인 질문	What should I do first? What do I do now? Then what do I need?
구체적인 질문	How do I get water? Do I need sugar? Can I drink it now?
미완성 문장	And I ...? Take a ...?
행동을 통한 유도	(컵을 꺼내는 동작을 하며) (보온병 버튼을 가리키며)

이 단계에서 중요한 것은 학생들이 자신이 알고 있는 표현으로 말하게 해야 한다는 것이다. 즉 학생들이 자신의 언어로 표현하는 것이 중요하다. 비록 완벽한 문장이 아니어도 자신의 말로 표현하게 해야 만들어진 이야기를 학생들 스스로 읽을 수 있기 때문이다. 이 접근법의 핵심은 학생들이 스스로 만든 이야기이므로 내용을 이해할 수 있다는 점이다. 단어의 철자와 문장 구조를 학습시킨 뒤에 텍스트를 읽게 하는 방식이 아니라 먼저 텍스트의 의미를 파악하게 한 뒤 텍스트를 구성하는 문장과 단어를 이해하도록 하는 하향식 방식을 취하기 때문이다. 의미 전달을 방해하는 경우가 아니라면 학생들의 말을 가능한 그대로 받아들이며, 학생들의 수준에서 수정 가능한 오류가 있다면 그것은 이야기를 편집하는 단계에서 수정하도록 한다.

단계 2. 학생들이 경험을 이야기로 말해보게 한다.

교사가 학생들에게 방금 경험한 민트 티 만들기를 다시 말해보게 한다. 이때 기억에 의존하여 말하게 하는 것이 아니라 다시 한 번 민트 티 만들기를 반복하며 경험과 언어 표현을 서로 맞추어가며 말하게 하는 것이 바람직하다.

> T: All right. Now we are going to make mint tea again.
> Do you remember how to make it?
> Can you tell me how to do it?
> Okay. Let's make mint tea.
> We'll do it step by step. One by one.

교사는 학생들과 민트 티 만드는 과정을 단계별로 반복한다. 이때 하나의 발화가 하나의 단계가 될 수 있도록 잘 계획하여 과정을 되풀이 한다. 가능하면 앞에서 했던 순서와 동일하게 진행해야 학생들이 기억하기 수월하다. 이 단계에서도 교사는 동작과 발문으로 학생들의 발화를 유도한다.

1	컵을 집어 든다.	Take the cup.
2	티백을 꺼낸다.	Take out the tea bag.
3	티백을 컵에 넣는다.	Tea bag in the cup.
4	물을 컵에 따른다.	Put water in the cup.
5	설탕을 넣는다.	Put sugar in the cup.
6	티를 젓는다.	Stir.
7	티백을 꺼낸다.	Take out the tea bag.
8	뜨거우니 기다린다.	It's hot. Wait.
9	마신다.	Drink the tea.

단계 3. 학생들이 이야기를 말 하면 교사는 받아 적는다.

이번에는 학생들이 주도적으로 이야기를 말해보게 한다. 교사는 필요할 때마다 적절하게 동작이나 발문으로 힌트를 제공한다. 가능한 이전 단계에서 사용했던 표현들이 나오도록 유도한다. 학생들이 민트 티 만드는 과정을 이야기 할 때 발화를 하나씩 칠판에 적어나간다. 교사가 학생들이 불러주는 이야기를 칠판에 적는 '받아쓰기' (dictation) 과정은 이 언어 경험 접근법의 핵심 단계이다. 이때 유의할 사항은 다음과 같다.

1) 한 문장 씩 적는다.
2) 다음과 같이 적는다. 먼저 한 문장을 자연스러운 억양으로 말

하고 난 뒤 단어를 하나씩 발음하며 천천히 적는다. 예를 들면 "Take the cup."이라고 자연스럽게 말한 뒤, 첫 번째 단어를 적으며 "Take"라고 읽고 두 번째 단어를 적으며 "The"라고 읽는다.

> T: Take the cup. (문장을 쓰기 전에)
> Take. (이 단어를 쓰며)
> The. (이 단어를 쓰며)
> Cup. (이 단어를 쓰며)
> **Take. The. Cup.** (천천히 단어를 하나씩 가리키며)
> **Take the cup.** (단어를 하나씩 가리키며 그러나 말 하듯 자연스런 속도와 억양으로 읽으며)

위의 발화 예시에서 진한 글씨로 된 마지막 두 줄의 차이점에 주목해보자. 단어를 하나씩 가리키며 천천히 읽는 것은 학생들이 발화한 문장이 세 단어로 구성되어 있음에 주목하게 한다. 단어를 가리키며 말 하듯 자연스런 속도로 읽는 것은 세 개의 단어들이 하나의 문장을 구성하고 있음에 주목하게 한다. 이와 같이 음성언어 발화가 문장으로 표현되고 문장은 단어들로 구성되는 관계를 학생들이 인지하도록 지도하는 것이다.

단계 4. 학생들과 이야기를 한 문장 씩 읽으며 편집한다.

이 단계에서는 칠판에 쓰인 이야기를 학생들과 한 문장 씩 천천히 읽으며 이야기에 수정할 부분이 없는지 확인한다. 문장을 읽을 때에는 문장을 구성하는 단어들과 각 단어의 형태에 학생들이 주의를 기울이도록 하는 것이 중요하다. 따라서 다음과 같은 방식으로 한 문장을 적어도 두 번 씩 읽는다.

1) 말 하듯 자연스런 속도와 억양으로 단어를 하나씩 짚으며 읽는다.
2) 단어를 하나씩 짚으며 또박 또박 읽는다.

이와 같이 문장을 읽다가 학생들의 수준에서 오류를 수정할 만한 부분이 있으면 수정할 수 있는 힌트를 제공한다. (여전히 학생들의 언어로 이야기가 구성되는 것이 바람직하기 때문이다.)

> T: Tea bag in the cup? (문장을 읽다가 멈추고)
>   Just tea bag in the cup? Or put the tea bag in the cup?
> Ss: Put the tea bag.
> T: Put the tea bag ... ? (티백을 컵에 넣는 동작을 강조하며)
> Ss: In the cup.
> T: Good. From the beginning. (티백을 컵에 넣는 동작을 다시 하며)
> Ss: Put the tea bag in the cup.

교사는 이야기의 다른 문장에서 학생들이 이미 'Put'을 사용하였고 이렇게 수정하는 것이 학생들의 현재 수준에 적합하다고 판단한 경우이다. 교사가 힌트를 제공해서 학생들이 오류를 인지하고 수정하는 것에 동의한다면 이와 같이 문장을 수정한다. 만약 학생들이 오류를 인지하지 못하거나 수정에 동의하지 않는다면 이 단계에서는 그냥 넘어간다.

단계 5. 이야기를 여러 번 반복하여 읽는다.

학생들이 이야기를 스스로 읽을 수 있을 때까지 여러 방식으로 반복하여 읽는다.

1) 교사가 문장을 가리키며 학생들과 함께 읽는다.

2) 교사가 문장을 가리키고 학생들만 읽는다.

3) 문장의 순서를 바꾸어 읽는다.

4) 문장에 번호를 매기고 교사가 번호를 부르면 학생들이 문장을 읽는다.

5) 문장에 번호를 매기고 교사가 문장을 읽으면 학생들이 문장 번호를 말한다.

이와 같이 언어 경험 접근법이 텍스트를 지도하는 순서는 다음과 같이 하향식 방식(top-down approach)이다.

<하향식 읽기 지도(top-down approach to reading)>

텍스트(이야기)의 의미를 이해하고 읽을 수 있다.

↓

문장의 의미를 이해하고 읽을 수 있다.

↓

단어의 의미를 이해하고 읽을 수 있다.

단계 6. 이야기를 이용하여 다양한 읽기 활동을 한다.

학생들이 이야기 텍스트를 완전히 이해하고 읽을 수 있도록 다양한 읽기 활동을 제공한다.

1) 시각 어휘(sight vocabulary)

(1) 단어 찾기: 텍스트에서 단어를 찾아보게 한다.

Making Mint Tea

Take out the cup. Take out the tea bag.
In the cup. Put water in the cup.
Take a spoon. Stir. Take out the tea bag.
No sugar. Drink the tea. It's hot. Wait.

Find the words and circle them.

mint	cup	bag
tea	water	put
take	wait	sugar

(2) 단어 카드를 읽고 텍스트에 찾아 붙이기

Making Mint Tea

Take out the cup. Take out the tea bag.
In the cup. Put water in the cup.
Take a spoon. Stir. Take out the tea bag.
No sugar. Drink the tea. It's hot. Wait.

Match the cards to the words in the story

mint	cup	bag
tea	water	put
take	wait	sugar

2) 클로즈(cloze)

(1) 텍스트를 비교하여 읽으며 빈칸 채우기

Making Mint Tea	Making Mint Tea
Take out the _____.	Take out the cup.
Take out the _____ bag.	Take out the tea bag.
In the _____.	In the cup.
Put _____ in the cup.	Put water in the cup.
Take a _____. Stir.	Take a spoon. Stir.
Take out the tea _____.	Take out the tea bag.
No sugar. Drink the _____.	No sugar. Drink the tea.
It's hot. _____.	It's hot. Wait.

(2) 텍스트를 읽으며 단어 목록에서 단어 찾아 쓰기

Making Mint Tea	Word Bank
Take out the _____.	
Take out the _____ bag.	bag
In the _____.	cup
Put _____ in the cup.	spoon
Take a _____. Stir.	take
Take out the tea _____.	tea
No sugar. Drink the _____.	wait
It's hot. _____.	water

(3) 텍스트를 읽으며 빈칸 채우기

Making Mint Tea

Take out the
Take out the _____ bag.
In the _____.
Put _____ in the cup.
Take a _____.
Stir.
Take out the tea _____.
No sugar. Drink the _____.
It's hot. _____.

3) 그림과 문장 짝짓기(Match the pictures and the sentences)

각 문장에 해당하는 그림을 그린 뒤 문장과 그림을 가위로 오린
다. 문장과 그림을 섞은 뒤 문장의 의미에 해당하는 그림을 찾아
본다.

Making Mint Tea		1.	2.
Take out the cup.			
Take out the tea bag.			
In the cup.	3.	4.	5.
Put water in the cup.			
Take a spoon.			
Stir.	6.	7.	8.
Take out the tea bag.			
No sugar.			
Drink the tea.	9.	10.	11.
It's hot.			
Wait.			

4. 초등영어 교과서의 읽기 활동

초등학교 영어 교과서에서 읽기 활동을 지도하는 절차를 알아보자. 예시로 살펴볼 단원은 [대교출판사 교과서 4학년 12단원 3차시]이다.

샘플 단원: 4학년 12단원 I Went to the Museum

[단원 목표]

듣기

  1. 과거에 한 일에 대해 묻고 답하는 말을 듣고 이해할 수 있다.
  2. 만족을 표현하는 말을 듣고 이해할 수 있다.

말하기

  1. 과거에 한 일에 대해 묻고 답하는 말을 할 수 있다.

  2. 만족을 표현하는 말을 할 수 있다.

읽기

  1. 과거에 한 일을 나타내는 어구를 읽을 수 있다.

  2. 쉽고 간단한 문장을 따라 읽을 수 있다.

  3. 소리와 철자 관계(th)를 이해하여 낱말을 읽을 수 있다.

쓰기

  1. 과거에 한 일을 나타내는 어구를 보고 쓰거나 완성하여 쓸 수 있다.

[학습 내용]

의사소통기능

  1. 보고하기: I went to the museum.

  2. 만족 표현하기: It was great/fun/interesting.

어휘

earth, euro, fun, interesting, market, movie, museum, park, theater, yesterday, zoo

차시	학습 단계	학습 활동
1	Look and Guess Look and Listen Listen and Repeat Listen and Play	그림 보며 추측하기 대화문 듣고 내용 이해하기 듣고 따라 말하기 X 빙고 놀이 하기
2	Look and Say Sing! Sing! Talk! Talk! Talk and Play	대화문 듣고 주요 표현 말하기 I Went to the Zoo 노래하기 어제 한 일 묻고 답하기 어제 한 일 말하기 놀이 하기
3	Look and Read Read and Write Read and Play Sounds and Letters	쉽고 간단한 어구와 문장 따라 읽기 쉽고 간단한 어구 읽고 쓰기 어구 카드 짝 맞추기 놀이하기 소리와 철자 관계(th)를 이해하여 낱말 읽기
4	Activity Review	그림일기 쓰고 과거에 한 일 묻고 답하기 단원 학습 내용 정리하기

4.1 Look & Read A 지도 절차

초등영어 교과서의 읽기 활동은 학년에 따라 차이가 있다. 4학년 읽기 활동은 어구(phrase)와 문장(sentence)을 따라 읽는 활동으로 구성된다. Look & Read A 활동은 그림을 보고 어구의 의미를 생각하며 따라 읽는 활동이다. 이 활동을 다음과 같은 단계로 지도할 수 있다.

단계 1. Pre-reading

어구를 읽기 전에 학생들이 해당 어구를 말할 수 있는지 그리고 어구의 의미를 정확하게 알고 있는지 확인해야한다. 교과서 그림을 보고 그림으로 표현된 영어 어구를 생각해보게 한다. 그림에 번호를 붙이고 교사가 영어 어구를 말하면 학생들은 해당 그림 번호를 말한다.

> T: I went to the museum.
> Ss: Number 3.
> T: I read a book.
> Ss: Number 5.
> T: I played basketball.
> Ss: Number 2.

교사가 문장 번호를 무작위로 말하면 학생들이 영어 표현을 말
한다.

> T: Look at the picture 1.
>   Where did she go?
> Ss: She went to the zoo.
> T: Look at the picture 2.
>   What did he do?
> Ss: He played basketball.
> T: Picture 3.
>   Where did she go?
> Ss: She went to the museum.

단계 2. Reading

1) 어구를 문자 카드(phrase card)와 그림 카드(picture card)로 준비
하여 그림 카드를 먼저 칠판에 붙이면서 학생들이 어구를 말해보게 한다.

> Ss: Went to the zoo.
>   Played basketball.
>   Went to the museum.
>   Went to the market.

Read a book.
Watched a movie.

2) 학생들이 그림을 보고 어구를 말하면 해당되는 문자 카드를 하나씩 보여주고 읽게 한다.

T: (그림을 가리킨다)
Ss: Went to the zoo.
T: (문자 카드를 들고 보여주며 읽는다)
    Went to the zoo.
Ss: Went to the zoo. (문자 카드를 읽는다)
T: (해당 그림 카드 옆에 문자 카드를 붙인다)

3) 그림과 문자 카드를 보고 어구를 읽게 한다. 그림에 번호를 붙인 뒤, 먼저 그림 순서대로 읽고, 다음엔 순서를 바꾸어 가며 읽는다.
4) 그림 카드를 하나씩 떼어 가며 문자 카드를 읽는다.
5) 그림이 모두 떼어진 상태에서 문자 카드만 보고 어구를 읽는다.
6) 교사가 번호를 부르면 학생들이 해당 어구를 읽는다.

단계 3. Post-reading

1) 문자 카드의 순서를 바꾸어 번호를 새로 붙이고 교사가 질문을 한다. 어구를 읽고 그 의미를 잘 이해하는지 확인하는 것이다.

T: Number 4. He went to the market.
Ss: Yes, he went to the market.
T: Number 2. She read a book.
Ss: No, she went to the museum.

2) 그룹별로 문자 카드를 한 벌씩 나누어주고 순서를 돌아가며 읽도록 한다. 문자 카드 6장을 가운데 엎어놓고 순서대로 하나씩 돌아가며 카드를 집어 들고 소리 내어 읽게 한다. 6장을 다 읽으면 카드를 섞어서 다시 읽어 본다.

3) 그룹별로 문자 카드 빨리 읽기 게임을 한다. 진행자, 선수, 심판을 정한 뒤 진행자는 카드를 한 장 씩 보여주고 선수는 카드에 적힌 어구를 빨리 읽는다. 심판은 시간을 잰다. 다 읽으면 진행자, 선수, 심판을 다른 사람으로 바꾸어 다시 게임을 진행한다.

4.2 Look & Read B 지도 절차

Look & Read B 활동은 그림을 보고 문장의 의미를 생각하며 따라 읽는 활동으로 구성되어 있다. 이 활동은 위에서 제시한 Look & Read A 활동을 참고로 하여 지도할 수 있다.

4.3 Look & Read A & B 이후의 활동

Look & Read A와 B 활동을 모두 마친 뒤 학습한 어구와 문장들을 이용하여 Tic-Tac-Toe나 Bingo 등의 게임을 하며 읽기 활동을 진행 할 수도 있다.

1) Tic-Tac-Toe

Tic-Tac-Toe는 다음과 같이 3x3 게임판을 이용하여 두 팀으로 나누어 하는 게임이다. 두 팀이 가위바위보로 순서를 정한 뒤 번갈아 번호를 고르고 문장을 읽는다. 팀별로 읽은 문장의 칸에 다른 모양으로 표시를 한다. A팀은 동그라미, B팀은 별표 등으로 구분한다. 먼저 세 칸을 일직선으로 읽는 팀이 이긴다.

1. I went to the zoo.	4. I read a book.	7. It was fun.
2. I went to the market.	5. I watched a movie.	8. It was interesting.
3. I played basketball.	6. I went to the museum.	9. What did you do?

2) Bingo

Bingo는 다음과 같이 5x5 게임판을 이용하여 개인별로 하는 게임이다. 교사가 학생들마다 다르게 구성된 빙고판을 미리 준비하여 나누어준다. 5x5 게임판 대신 4x4 게임판으로도 할 수 있다. 교사가 문장을 하나씩 불러주면 학생들은 자신의 빙고판에 적힌 문장을 찾아서 표시를 해나간다. 표시한 문장이 어느 방향으로든 일직선이 되면 "빙고"를 외친다. (학생들이 배운 문장의 수가 빙고판의 개수보다 적으므로 동일한 문장이 여러 개의 칸에 반복되어 쓰일 수 있다.

단 해당 문장이 여러 칸에 있기 때문에 한 번에 한 칸만 표시하도록 규칙을 정해야 한다.)

What did you do?	I played basketball.	I watched a movie.	It was fun.	I went to the market.
It was fun.	I went to the museum.	I read a book.	It was interesting	I went to the zoo.
I went to the market.	I read a book.	I went to the zoo.	It was interesting.	What did you do?
I went to the zoo.	It was interesting.	It was fun.	I watched a movie.	I read a book.
I watched a movie.	I went to the market.	I played basketball.	I went to the museum.	What did you do?

4.4 읽기 활동 지도에서 유의할 사항

1) 단어, 어구, 문장을 읽을 때 의미를 생각하며 읽도록 한다. 이를 위해 그림 자료를 함께 제시하고 읽게 한다. 그러나 이때 학생들이 단어나 어구를 보고 '읽는' 것인지 그림을 보고 해당되는 표현을 기억하여 '말하는' 것인지 교사는 구분하여 확인할 필요가 있다. 학생들의 의미 이해를 돕기 위해 그림을 단서로 제시하지만 일정 시간

이 지나면 학생들이 그림 단서 없이도 단어나 어구를 독립적으로 읽을 수 있는 능력을 개발할 수 있도록 해야 한다.

2) 단어, 어구, 문장의 의미를 내면화 할 수 있도록 의미를 몸으로 표현해 볼 수 있는 활동이나 게임을 개발하여 참여하도록 한다. 예를 들면 셔레이드(charades) 게임을 응용할 수 있다. 셔레이드 게임은 카드에 적힌 단어나 표현을 읽고 몸으로 표현하면 다른 사람들이 그 단어나 표현을 알아맞히는 게임이다. 이 게임을 응용하여 그룹별로 학생들에게 단어, 어구 등이 적힌 문자 카드를 나누어 주고 술래가 문자 카드를 보고 몸으로 표현하면, 다른 학생들이 해당되는 카드를 들어 올려 답을 맞히게 하는 것이다.

Part 5

쓰기 지도

1. 쓰기 기능의 이해

쓰기 기능은 말하기 기능과 마찬가지로 언어 사용자가 자신의 언어 자원을 사용하여 생각과 메시지를 표현하는 '표현 기능'(productive skills)이다. 말하기와 쓰기의 차이점은 전자가 '음성 언어'(oral language)로 표현하는 기능이라면 후자는 '문자 언어'(written language)로 표현하는 기능이라는 것이다. 언어 사용자는 크게 두 가지 목적[12]으로 자신의 메시지를 쓰기 기능으로 표현한다. 하나는 자신 이외의 다른 사람(audience)을 대상으로 메시지를 전달하기 위해서이다(Sokolik, 2003). 이러한 목적의 쓰기 기능은 메시지를 자기 밖으로 표현하는 즉 '전달'(express)하는 기능이다. 편지를 쓰거나 보고서를 작성하거나 전달 메시지를 작성하는 우리의 일상적인 쓰기 행위가 이 기능에 해당한다. 다른 하나는 자신을 대상으로 생각이나 기억을 기록하기 위해서이다. 이러한 목적의 쓰기 기능은 메시지를 자신의 내면에 '새겨 넣는'(impress) 즉 기록하는 기능이다. 일기를 쓰거나 쇼핑 목

---

[12] 물론 두 가지 목적의 구분이 애매하거나 둘 다의 목적에 해당하는 쓰기 행위도 존재한다. 예를 들면 블로그에 글을 작성하거나 SNS의 일부 기능이 그러하고 자신의 기억을 돕기 위해 작성한 메모를 타인과 공유하는 경우가 발생하기도 한다.

록을 작성하거나 강의 내용을 공책에 기록하는 등의 일상적인 글쓰기 행위가 이 기능에 해당한다.

<쓰기의 대상과 목적>

글 쓰는 대상	쓰기 목적
타인(audience)	외부 전달(to express)
자신(writer)	내면 기록(to impress)

말하기가 음성언어 표현 기능이고 쓰기가 문자언어 표현 기능이라는 것 이외에 몇 가지 차이점이 있다. 우선 말하기는 대상이 바로 눈앞에 존재하는 이른바 면대면(face-to-face) 상황에서 주로 즉석에서 이루어지는 데 반해, 쓰기는 대상이 시간적으로나 공간적으로 떨어져 있는 상황에서 이루어진다는 점이다. 편지나 이메일을 쓰는 경우 대상자가 글 쓰는 사람과 같은 공간에 있지 않고 그 대상자는 작성된 후 일정 시간이 지난 후에 편지나 이메일을 읽게 된다.

둘째, 이렇게 말하기와 쓰기가 대상과의 시공간적인 관계의 측면에서 다르기 때문에 전달된 메시지에 대한 피드백(feedback)이 이루어지는 방법과 시기에도 차이가 생기게 된다. 말하기의 행위로 전달되는 메시지는 청자가 즉각적으로 반응을 하고 상호작용적으로 피드백을 제공할 수 있는 반면, 쓰기 행위를 통해 전달되는 경우에는 읽는 이가 메시지의 작성 과정에 상호작용적인 반응을 보이거나 피드백을 제공할 수 없는 경우도 있으며 메시지를 읽는 동안 생기는 반응이 메시지가 작성된 시기에 비해 지연된 시점에 발생한다.

셋째, 말하기는 말하는 이가 듣는 이에게 실시간(real-time)으로 메시지를 전달하기 때문에 메시지를 생성하는 과정에서 필요 이상의 표현 반복(repetition)이나 중복(redundancy), 오류(error) 등이 발생하는 등 쓰기에 비해 비계획적이고 즉흥적(improvised)으로 행위가 이루어지는 경우가 빈번하다. 반면 쓰기는 메시지를 생성하는 과정에 소요되는 시간이 말하기에 비해 더 길게 주어지기 때문에 글을 쓰는 동안 메시지의 내용이나 언어 표현 및 글의 형식 등에 주의를 더 기울이게 되며 결과적으로 말하기에 비해 계획성과 '정확성'(accuracy)을 더 확보할 수 있게 된다.

<말하기와 쓰기의 차이점>

	말하기	쓰기
전달자와 대상의 위치	동일한 시간/공간에 위치	서로 다른 시간/공간에 위치
대상의 반응/피드백	즉각적, 상호작용의 수월성	지연적, 상호작용의 어려움
메시지의 성격	즉흥성	정확성

말하기와 쓰기의 이러한 특징은 외국어 말하기와 쓰기 지도에 그대로 반영이 된다. 외국어 말하기 지도에서 교사는 학습자가 자신의 언어 자원을 사용하여 '대화 상대자'(interlocutor)를 대상으로 하여 실시간으로 자신의 메시지를 즉흥적으로 막힘없이 전달할 수 있고 대화 상대자의 반응과 피드백에 적절한 반응을 할 수 있도록 지도해야 한다. 따라서 외국어 말하기는 즉흥성과 '유창성'(fluency) 즉 즉흥적이고 유창하게 메시지를 표현하는 데에 중점을 두게 된다. 반면 외국어 쓰기 지도는 교사가 학습자들이 자신이 구축한 언어를 자원으로 하여 메시지의 내용과 형식을 계획하고 메시지의 의미가 잘 이해될 수 있도록 표현하는 능력을 개발해야 한다. 따라서 외국어 쓰기는 메시지 작성의 계획과 메시지의 정확성에 중점을 두는 경향이

있다. 이에 대해서는 2절에서 다시 한 번 언급하겠다.

외국어 쓰기 지도는 외국어 교수법과 무관하게 오랜 기간 동안 이루어져 왔다. 가장 오래된 역사를 지니는 문법번역식 교수법(grammar-translation method)에서는 쓰기보다 문법과 독해, 그리고 모국어로의 번역에 좀 더 역점을 두었다. 또한 20세기 초반까지만 해도 글쓰기 자체보다는 글쓰기에 나타난 문법적인 정확성이 외국어 쓰기에서 지나치게 강조되었다(Sokolik, 2003). 즉 좋은 글은 문법 규칙이 잘 적용된 정확한 문장으로 작성하는 것이었다. 이렇게 오랜 기간 동안 쓰기 수업은 학습자가 자신의 생각을 창의적으로 표현하기보다는 특정 문법 규칙을 학습하고 예시문을 베껴 쓰는 것에 대부분의 시간을 할애해왔다.

쓰기 지도에서 정확성을 강조하는 것이 학습자들의 쓰기 능력을 향상시키는데 도움이 되지 않는다는 인식은 1960년대에 이르러 비로소 많은 교사들이 공유하게 되었다. 이러한 인식의 전환에 따라 쓰기 지도는 반대 방향을 지향하며 '창의적인 글쓰기'(creative writing)를 강조하게 된다. 창의적인 글쓰기를 지향하는 수업에서 교사들은 학습자들의 쓰기 오류를 수정하는 것에 대해 보류하는 입장을 취하였다. 또한 쓰기에 대한 평가를 할 때에도 내용의 창의성에 가중치를 높게 두었다. 이러한 쓰기 지도 방식의 변화에 따라 학습자들의 쓰기는 내용적인 면에서 창의적이고 재미있는 아이디어가 표현되었지만 동시에 형식적인 면에서는 많은 오류가 생성되고 오류가 표현의 정확성을 초래하게 되는 결과가 나타나기도 하였다(Peregoy & Boyle, 2001).

문법적인 정확성에서 창의적인 글쓰기로 전환하며 초래된 외국어 쓰기 지도에 대한 혼란은 Emig(1971) 등 많은 연구자들이 실제 글

쓰기 과정에 대해 관심을 갖게 되면서 새로운 국면을 맞이하였다. 일반적으로 글을 쓰는 과정에서 처음에는 '정확성'보다는 '아이디어' 개발에 중점을 두며, 초안을 작성할 때 정확성에 치중하게 되면 글을 쓰는데 방해가 된다는 점에 주목하였다. 글쓰기에서 정확성과 아이디어 둘 다 중요하지만, 동시에 두 가지에 다 주의를 기울이기는 어렵다. 둘 다에 주의를 기울이기 보다는 주의를 배분하여 순차적으로 글쓰기 과정에 임하게 된다. 즉 주제를 정하고, 아이디어를 개발하며 초안을 작성하고, 초안을 읽으며 검토하거나 타인에게 검토를 받으며 피드백을 받고, 이를 바탕으로 필요한 내용을 반영하며, 정확성의 측면에서 글을 수정하는 일련의 과정을 밟는 것이다. 이른바 글 쓰는 작업을 여러 작은 단계로 나누어 부담을 분배하여 수행하는 것이다. 글쓰기에서 이렇게 단계별로 작업하는 방식을 '과정 중심 쓰기'(process writing)라고 한다. 과정 중심 쓰기의 단계를 그림으로 나타내면 다음과 같다.

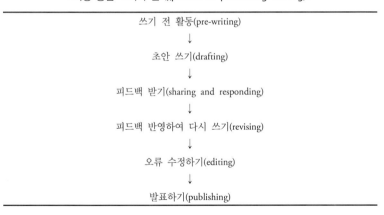

<과정 중심 쓰기의 단계(phases of processing writing)>

쓰기 전 활동(pre-writing)
↓
초안 쓰기(drafting)
↓
피드백 받기(sharing and responding)
↓
피드백 반영하여 다시 쓰기(revising)
↓
오류 수정하기(editing)
↓
발표하기(publishing)

이 그림에서 보듯이 과정 중심 쓰기는 쓰기 과정을 여러 개의 작은 단계로 나누어 각 단계마다 쓰기 부담의 한 가지 측면에 집중하여 해결하는 방식을 취한다. 이렇게 함으로써 학습자의 쓰기에 대한 부담을 덜어주며 동시에 '아이디어' 표현과 '정확성'이라는 쓰기의 두 가지 목적을 달성하는 것이다. 위 단계 중 '쓰기 전 활동', '초안 쓰기', '피드백 받기', '피드백 반영하여 다시 쓰기'는 단계적으로 '아이디어'를 개발하고 다듬는 단계이다. '오류 수정하기' 단계는 표현의 '정확성'에 집중하는 단계이다.

이렇게 과정 중심 쓰기는 학습자가 쓰기 과정을 여러 단계로 나누어 각 단계마다 하나 씩 문제를 해결하면서 쓰기를 완성해나가도록 지도하는 방식이다. 이 점에서 과정 중심 쓰기는 이전의 쓰기 지도 방식과 차이가 있다. 이전의 문법적 정확성을 강조하는 쓰기 지도법이나 창의적인 글쓰기 지도법에서는 학습자가 쓰기 과업을 하는 과정에 대한 관심보다는 쓰기 과업의 결과물에 관심이 있었다. 즉 학습자가 쓰기 결과물을 내기 위해 거치는 과정보다는 어떤 결과물을 내었는가에 더 큰 관심을 가졌던 것이다. 학습자의 글이 문법적으로 얼마나 정확한지 또는 아이디어가 얼마나 창의적인지가 중요하였다. 엄밀히 말하면 쓰기 능력을 개발하는 쓰기 지도법이라기보다는 글쓰기 결과물이 얼마나 잘 되었는지에 대한 평가에 가까웠다. 이러한 방식의 쓰기 지도는 '결과 지향적 접근법'(product-oriented approach)이라고 할 수 있다. 반면 학습자들이 쓰기 과업을 수행하기 위해 어떤 과정을 거치는가에 대해 관심을 가지고 각 단계에 필요한 도움을 주기 위해 지도하는 '과정 중심 쓰기'가 취하는 방식은 '과정 지향적 접근법'(process-oriented approach)라고 할 수 있다. 외국어 쓰기 수업은 결과 지향적 접근법에서 과정 지향적 접근법으로 변화되었다고 볼 수 있다.

<쓰기 지도 접근법의 변화>

결과 지향적 접근법		과정 지향 접근법
문법적으로 정확한 글쓰기 → 창의적인 글쓰기	→	과정 지향적 쓰기 (process writing)

쓰기 과정을 작은 단계로 나누어 접근하는 과정 중심 쓰기는 외국어 쓰기 지도에서 특별한 강점을 갖는다. 일반적으로 외국어 쓰기는 학습자가 다른 언어 기능에 비해 상대적으로 노력을 덜 기울이는 기능이며 학교 수업과 교과서에서도 가장 늦게 도입되고 가장 적은 비중이 할애되는 기능이다.13) 물론 언어 습득 과정을 고려할 때 듣기, 말하기, 읽기에 비해 쓰기가 가장 늦게 발달한다는 점에서 쓰기에 대한 이러한 대접은 당연한 측면도 있다. 그러나 영어 교육의 목표가 의사소통능력(communicative competence)이며, 쓰기가 말하기와 마찬가지로 학습자가 자신의 메시지를 전달하는 표현 기능으로써 의사소통을 하기 위한 중요한 수단임을 생각할 때 쓰기에 대한 이러한 대접은 제고되어야 한다. 우리나라 교과서에서 가장 적은 쪽 수를 차지하고 수업 시간에 가장 적은 시간이 할애되는 쓰기를 가장 소홀히 취급할 것이 아니라 다른 기능과 연계하여 학습자의 의사를 표현하며 의사소통의 수단(means of communication)으로서 쓰기를

---

13) 모국어 습득 과정에서 언어가 발달하는 순서는 듣기, 말하기, 읽기, 쓰기 순이다. 일반적으로 외국어 수업에서 언어 기능이 제시되는 순서도 이를 따른다. 우리나라 영어 교육과정 문서에서도 다른 언어 기능에 비해 쓰기 기능의 성취 수준이 상대적으로 낮으며, 교과서에서도 쓰기 활동이 가장 적은 비중을 차지한다.

할 수 있도록 수업이 이루어져야 한다. 바로 이 점에서 과정 중심 쓰기 지도법은 유용하다. 과정 중심 쓰기 지도법에서는 다른 기능을 모두 다룰 때까지 쓰기 활동을 나중으로 미루어두는 것이 아니라 다른 기능 특히 말하기와 연계하여 지도할 수 있다. 또한 초등학교 상급 학년까지 쓰기를 미루어 두는 것이 아니라 중급 학년에서도 쓰기 활동을 경험할 수 있도록 해준다.

과정 중심 쓰기 지도법의 이러한 특징에 대하여 Heald-Taylor(1991) 는 이렇게 평가하였다. 과정 중심 쓰기는 학습자들이 쓰기 활동에 참여하는 것을 미루지 않는다. 그보다는 학습자들이 문자언어로 메시지를 표현하는 것을 도움으로써 말하기나 읽기 활동을 하면서 쓰기 능력도 개발할 수 있도록 해준다. 그는 또한 과정 중심 쓰기는 학생들의 필요에 맞게 여러 단계를 유연하게 적용해야 한다고 보았다. 따라서 과정 중심 쓰기 지도법을 적용하여 쓰기를 지도할 때는 각 단계를 반드시 통과해야 할 형식으로 보기 보다는 학습자의 필요에 따라 유연하게 가감하며 학습자가 쓰기에 부담을 느끼지 않고 쓰기 과정에 즐겁게 임할 수 있도록 지도하면 된다. 구체적인 지도 방법은 3절에서 다루도록 한다.

2. 쓰기 지도에서 고려할 사항

이 절에서는 쓰기 지도에서 고려해야 할 사항을 살펴보자.

2.1 결과물(product)보다 과정(process)을 강조하라

외국어 쓰기 지도에서 가장 먼저 고려해야 할 사항은 쓰기 활동의 결과물보다 쓰기 활동의 과정을 강조해야 한다는 것이다. 이는 특히 쓰기를 처음 학습하는 학습자에게 중요하다. 결과물이 나오기 위해서는 그 결과물이 나오기까지의 과정에 대한 이해가 선행되어야 한다. 표현 기능으로서의 쓰기는 메시지를 전달하는 것이다. 어떤 메시지(what to write)를 전달할 것인지 명확해야 그 메시지를 전달할 수 있다. 쓰기 과정에서 메시지를 명확하게 정하는 것이 바로 쓰기 과정의 첫 단계이다. 쓰기 활동을 처음 하거나 아직 익숙하지 않은 학습자에게 있어 가장 어려운 일이 바로 이 단계이다. 따라서 교사는 쓰기의 첫 단계인 메시지를 명확히 정하는 아이디어 개발 단계에 수업 중 가장 많은 시간을 할애하고 많은 도움을 주어야 한다. 전달할 메시지가 정해지면 그 다음으로는 그 메시지를 어떻게 표현할 것인가(how to write)를 정해야 한다. 따라서 쓰기 결과물 자체보다는 결과물이 나오기까지의 과정을 강조하며 그 과정에서 학습자가 어떤 노력을 하였는지에 관심을 보여야 한다.

2.2 쓰기 전(pre-writing) 활동을 충분히 하라

쓰기 과정에서 가장 중요한 것이 전달할 메시지를 정하는 일 즉 아이디어를 개발하는 일이라는 점은 이미 강조하였다. 무엇을 쓸 것인가에 대한 아이디어가 없다면 그 이후의 단계는 불가능하다. 따라서 아이디어를 제공하는 것은 학습자들이 쓰기 과정에 성공적으로 임하게 하는 첫 디딤돌이 된다. 아이디어를 제공하는 방법은 다양하다.

우선 교사가 학습자들과 주제에 대해 브레인스토밍(brainstorming)을 하면서 쓰기 입력을 제공할 수 있다. 이때 교사는 학습자들의 스키마(schema)[14]를 자극하는 효과적인 발문을 하여 학습자들에게서 다양한 아이디어를 이끌어 낸다. 가능한 많고 다양한 아이디어를 이끌어 내기 위해 어떤 것이든 말하도록 북돋아주고 학습자들의 생각을 수용하는 것이 바람직하다. 브레인스토밍하면서 생겨난 아이디어들은 의미 망(semantic map)을 작성하며 시각적으로 정리하면 한눈에 볼 수 있어 효과적이고 나중 단계에 학습자들이 아이디어를 활용하는데 도움이 된다.

<의미 망>

---

14) '스키마'(schema)는 학습자의 이전 경험과 지식을 기반으로 구축된 인지 체계로서 정보의 유형과 정보 간의 관계를 조직한다. 언어 등의 인지 활동을 할 때 작동하며 이 활동 과정에 영향을 준다. 외국어 학습자의 경우 학습자의 이전 경험과 학습 지식, 문화, 모국어 지식 및 외국어 지식 등이 모두 스키마를 형성하게 되며 이렇게 형성된 스키마는 학습자가 외국어를 학습하고 사용하는데 '배경 지식'(background knowledge)으로 작용되며 외국어 학습 및 사용 과정에 영향을 끼치게 된다.

2.3 쓰기에도 유창성(fluency)이 필요하다

일반적으로 쓰기에서는 말하기에서보다 정확성이 요구된다. 그러나 의사소통 측면에서 볼 때 정확성과 유창성 둘 다 필요하다. 쓰기의 경우 말하기보다 시간이 더 주어지긴 하지만 언제나 무기한의 시간이 주어지는 것은 아니다. 예를 들어 일정 시간까지 편지나 이메일을 작성해야 하고 과제를 제출해야 하며 가게 문을 닫기 전 쇼핑 목록을 급하게 작성해서 외출해야 하는 등 주어진 시간 내에 쓰기를 마쳐야 하는 경우가 빈번하다. 이렇게 쓰기의 목적을 떠올리기만 해도 쓰기에서 왜 유창성이 요구되는지 금방 이해할 수 있다. 능숙한 쓰기 능력을 지녔다는 것은 정확하게 그리고 유창하게 막힘없이 쓸 수 있다는 것을 의미한다.

이런 이유에서 쓰기 지도에서도 교사는 학습자의 쓰기 능력에 정확성과 유창성을 모두 길러주어야 하는 것이다. 쓰기 능력이 일정 수준에 도달한 학습자는 정확성과 유창성 면에서 모두 향상을 보일 것이다. 그런데 쓰기 학습을 이제 막 시작하는 초보 학습자의 경우 정확성과 유창성을 모두 목표로 하기에는 어려움이 따른다. 교사가 쓰기의 시작 단계에서 정확성을 요구한다면 학습자는 쓰기 능력을 충분히 연습하기도 전에 쓰기에 대한 불안감[15])을 갖게 되고 쓰고자

---

15) 외국어 학습이나 사용 과정에서 학습자가 느끼는 불안감을 외국어 불안감(foreign language anxiety)이라고 한다. 또 의사소통상황에서 느끼는 불안감을 의사소통 불안감(communication anxiety)이라고 한다. 이러한 불안감은 성격적인 불안감과는 구분되며, 외국어를 학습하거나 의사소통을 하는 특정 상황에서 느끼는 불안감이다. 외국어 불안감은 듣기, 말하기, 읽기, 쓰기 등 모든 영역의 기능에 수반되며, 외국어 학습자들에게 이 중 말하기 불안감이 가장 높고 읽기 불안감이 가장 낮은 경향이 있다. 외국어 불안감은 긴장감과 같이 긍정적으로 작용하는 측면도 있지만 일반적으로는 부정적으로 작용한다. 따라서 교사는 외국어 학습 상황에서 불안감을 낮추는 수업 환경을 조성할 필요가 있다. 외국어 불안감은 외국어 학습에 영향을 주는 학습자의 개인차 변인(individual differences variables)들 중에 정의적(affective) 영역에서 중요하게 다루어지는 요인이다. Krashen은 불안감이 낮은 비위협적인 언어 환경(non-threatening environment)

하는 의지를 상실하게 될 수 있다. 그러므로 쓰기 학습의 초기 단계에서는 학습자가 우선 자유롭게 자발적으로 영어로 써보는 행위에 두려움 없이 참여할 수 있도록 독려하고 배려하며, 오류가 보이더라도 오류를 즉각적으로 수정하는 것을 지양16)하는 것이 바람직할 것이다.

2.4 평가가 아니라 경험하게 하라

쓰기의 시작 단계에서는 즉각적인 오류 수정을 지양하여 학습자의 쓰기 의지를 높이고 쓰기의 유창성을 길러주는 것이 바람직하다고 설명하였다. 이러한 점을 인정한다고 하더라도 학습자의 쓰기 결과물에서 보이는 오류를 접하게 되면 교사의 마음에는 오류를 수정하고자 하는 생각이 들기 마련이다. 학습자가 쓴 문장이나 텍스트에서 정확하게 쓰인 단어나 문장보다는 철자 오류나 어순이 잘못된 문장이 더 눈에 띄는 것이 일반적일 것이다. 다음은 어떤 한국 초등 학습자가 쓴 엽서 내용 중 일부이다.

조성의 중요성을 강조한 바 있다.

16) 외국어 학습에서 오류(error) 및 오류 수정에 대한 견해는 자연 접근법(natural approach)에 영향을 받은 의사소통중심 교수법(communicative language teaching) 이전과 이후로 구분된다. 의사소통중심 교수법 이전의 청화식 교수법(audiolingual method)에서는 오류를 잘못된 학습 결과 생겨나는 것으로 보고 잘못된 습관으로 굳어지지 않도록 하기 위해 오류가 발생하면 즉각적으로 수정(immediate correction)하는 견해를 취하였다. 그러나 모국어 및 제2언어 습득 연구 결과 오류는 자연스런 습득 과정에서 필연적으로 생겨나는 부산물이며 언어 발달을 표시하는 지표로 보게 되었다. 이러한 연구의 영향을 받은 자연 접근법이나 의사소통중심 교수법에서는 오류를 즉각적으로 수정하는 것을 지양하였다. 특히 의미 전달이 목표인 의사소통활동에서 발생하는 오류는 그 오류가 의사소통에 방해가 되지 않는 한 즉각적인 오류 수정은 삼가했다. 의사소통중심 교수법과 주류를 같이 하는 과업중심 교수법(task-based language teaching)에서는 모든 과업 활동이 끝난 뒤 수업의 맨 마지막 단계인 언어 포커스(language focus) 단계에서 오류를 예시로 제공하고 정확한 표현을 학습하게 하는 방식을 취한다.

I want to beach and Sydney. At the old Sydney town, I ride a donkey. It was exiting. Donkeys was very lovely.

학습자의 이 글쓰기 결과물을 보고 긍정적인 측면이 더 많이 보이는 교사가 있고 부정적인 측면이 더 눈에 띄는 교사가 있다. 시드니에 다녀온 경험을 잘 표현했다고 평가할 수도 있고 철자 오류, 동사의 시제 오류, 주어-동사 수 일치의 오류, 관사 오류 등 오류가 많은 정확성이 떨어지는 글이라고 평가할 수도 있다. 물론 이 글을 쓴 학습자의 이전 학습 경험에 따라 평가는 달라질 수 있지만 이 결과물이 보여주는 것은 이 학습자의 현재 쓰기 능력 수준, 현재 언어 수준인 것이다. 이 학습자는 이 수준만큼 영어 능력이 발달한 것이다. 이 결과물에 어떤 반응을 교사가 보이고 어떤 피드백을 교사가 제공하는가에 따라 이 학습자의 쓰기 발달 양상은 달라질 것이다.

말하기 능력은 말하기를 통해 가장 잘 발달하듯이 쓰기 능력은 쓰기를 통해 가장 잘 발달한다. 즉 쓰기 능력이 발달하려면 학습자가 쓰기를 많이 해야 한다. 쓰기 과정에 참여한 경험이 많을수록, 쓰기 활동을 많이 할수록 쓰기 능력이 발달한다. 학습자의 쓰기 결과물에 대해 모두 평가를 보류하라는 것이 아니다. 모든 쓰기 오류에 대한 수정을 보류하라는 것도 아니다. 평가의 대상이 되어야 할 쓰기 결과물도 있지만, 학습자가 수업시간에 쓰기 연습으로 남긴 결과물, 자발적으로 쓴 글을 평가 대상으로 삼지 말자는 것이다. 학습자의 편에서 볼 때 자신이 써 낸 대부분의 글이 평가가 되기보다는 즐거운 쓰기의 경험이 되는 편이 학습에 바람직하다는 의미이다.

3. 쓰기 지도 방법

　외국어 교수법 중 다른 기능에 비해 쓰기 기능을 강조하는 교수법은 많지 않다. 이 점만 보아도 영어 지도에서 다른 기능에 비해 쓰기 지도가 교수 방법론적으로는 덜 주목 받아왔음을 알 수 있다.

　문법번역식 교수법(grammar-translation method)은 외국어를 모국어로 번역하는 것을 중요한 수업 활동으로 하였지만 모국어를 외국어로 번역하는 것은 상대적으로 중요하게 다루지 않았다. 물론 한국어를 영어 문장 구조에 맞게 적절한 영문법을 적용하여 정확한 영어 문장으로 바꾸는 연습을 하는 등 문장 단위에서의 [모국어 → 외국어] 번역 연습이 있었다.

　읽기 지도 방법에서 자세히 살펴보았던 언어 경험 접근법(language experience approach)은 음성언어와 문자언어를 연계하며 읽기를 지도하는 방식을 취하지만 본격적인 쓰기 지도는 다루지 않는다. 총체적 언어 접근법(whole language approach)은 텍스트 읽기를 중심 활동으로 언어의 4 기능을 통합하며 쓰기 활동을 포함하는 교수방식을 취하지만 이 교수법도 쓰기 지도 자체에 비중을 크게 두지는 않는다.

　쓰기 과정에 대한 이해와 이해를 바탕으로 쓰기를 지도하는데 특정한 교수법은 '과정 중심 쓰기'(process writing) 교수법이다. 따라서 이 절에서는 과정 중심 쓰기에 대해 자세히 알아본다. 그리고 쓰기 전문 교수법은 아니지만 쓰기를 지도하는데 일반적으로 사용되는 몇 가지 기법 및 활동을 알아보도록 한다.

3.1 과정 중심 쓰기(process writing)

1절에서 설명하였듯이 과정 중심 쓰기는 학습자의 쓰기 결과물을 중시하는 전통적인 '결과 지향적 접근법'(product-oriented approach) 과는 달리 학습자가 글쓰는 과정을 도와주고 지도하는 '과정 지향적 접근법'(process-oriented approach)이며, 쓰기에 특정된 쓰기 전문 교수법이다. 이 교수법은 쓰기 과업에 부과된 부담을 덜어주기 위해 전체 쓰기 과정을 작은 여러 단계로 나누고 각 단계마다 쓰기 지도에 필요한 요소들을 하나씩 집중하여 다루게 하는 방식을 취한다. 단계를 하나씩 거칠 때마다 쓰기 과업의 문제를 하나씩 해결하는 것이다.

쓰기 지도에서 다루어야 할 요소들은 몇 개의 부분으로 구분된다. 글의 내용(content), 글의 조직(organization), 문법(grammar), 어휘 (vocabulary), 그리고 쓰기 규칙(mechanics)17) 등이 그것이다.

<쓰기의 요소>

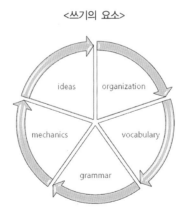

---

17) 영어의 쓰기 규칙(mechanics of writing)은 철자법(spelling), 마침표(period), 쉼표(comma), 콜론 (colon), 세미콜론(semicolon), 느낌표 등 문장 부호 규칙(punctuation), 띄어쓰기, 대소문자 표기 (capitalization), 숫자 표기(numbers and numerals), 축약(contraction), 약자(abbreviation), 문단 들여 쓰기(indentation), 줄바꾸기 등에 대한 규칙을 말한다. 쓰기 규칙은 영어 쓰기에서 매우 중요하다.

과정 중심 쓰기에서는 이 요소들을 학습자가 한 번에 모두 다루지 않고 단계별로 나누어 다루게 한다.

<과정 중심 쓰기의 각 단계에서 다루는 쓰기의 요소>

쓰기의 요소	과정 중심 쓰기의 단계
글의 내용/아이디어	쓰기 전 활동(pre-writing)
글의 조직	초안 쓰기(drafting)
글의 조직/어휘	피드백 받기(sharing and responding)
글의 조직/어휘	피드백 반영하여 다시 쓰기(revising)
문법	오류 수정하기(editing)
쓰기 규칙	

이렇게 하나의 글쓰기에 요구되는 요소들은 많으며 학습자가 한 번에 다루기에는 부담이 크다. 또 과정 중심 쓰기를 통해 단계별로 부담을 나눈다고 하여도 쓰기 능력이 아직 초보 단계인 학습자에게는 여전히 모든 단계를 다 거치며 모든 요소들을 반영한다는 것은 만만한 일이 아니다. 과정 중심 쓰기는 이 점에서 탄력적이다.

모든 단계의 학습자에게 글쓰기의 요소들이 전부 요구되거나 동일한 가중치(weight)로 요구되는 것이 아니듯이, 과정 중심 쓰기는 학습자의 수준에 맞게 단계를 조정할 수 있다. 쓰기를 처음 시작하는 학습자는 아이디어 개발이 가장 먼저 연습해야 할 요소이며 따라서 '쓰기 전 활동'을 교사의 주도하에 반 전체 학생들과 경험하는 것만으로도 충분하다. 조금 더 나아가 쓰기 전 활동을 거친 뒤 초안 쓰기 단계에서 마치거나 초안 작성 뒤 바로 발표하는 단계로 넘어갈 수도 있다.

과정 중심 쓰기에 대한 경험이 쌓이면서 단계를 추가해나가고, 쓰기의 유창성과 정확성을 둘 다 고려해야 할 시기가 되면 오류 수정하기 단계까지 나아갈 수 있다. 또 모든 단계를 다 같은 비중으로 다룰 필요도 없다. 쓰기가 익숙해지면 다른 단계는 비중을 줄이고 학습자가 연습이 필요한 단계에 좀 더 많은 시간을 할애하여 지도하면 된다. 학습자의 필요에 맞게 단계는 조정가능하다.

그러면 수업의 예시를 통해 이 교수법을 적용하여 어떻게 수업이 이루어지는 알아보자.

● 수업의 개요

주제(Topic): Love, wind
목표(Objective): The students will be able to write a poem about love/wind.
어휘(Vocabulary): love/wind
자료: 포트폴리오(writing portfolio), 점검표(checklist)

● 절차

단계 1. 쓰기 전 활동(pre-writing)

쓰기를 처음 시작하는 학습자에게 가장 중요한 단계이다. 교사는 학생들과 브레인스토밍(brainstorming)을 하며 주제에 대한 다양한 아이디어를 구체적으로 생각해보게 한다. 브레인스토밍을 할 때는 학생들의 아이디어를 이끌어내는 효과적인 발문을 해야 한다. 학생들의 이전 경험이나 지식을 자극하는 질문을 던지거나 아이디어를 자극할 만한 그림 자료를 보여준다. 학생들이 이야기나 시를 쓰는 활동을 하는 경우에는 학생들이 모델을 삼을 만한 그림이 곁들여진 동시를 보여주고 읽는다. 학생들이 생각해내는 아이디어들은 모두 반영하며 칠판에 의미 망(semantic map)[18) 등을 작성하며 기록한다. 이렇게 시각적으로 보기 좋게 기록을 하면 이후 단계에서 학생들이 초안을 작성할 때 좋은 자료가 된다.

이 쓰기 전 활동은 학생들에게 쓰기 과업을 하는데 필요한 아이디어를 구체적으로 제공할 뿐 만 아니라 초안을 작성하는데 필요한 어휘나 어구 등의 표현을 제공하는 역할을 한다. 학생들과 활발하게 이루어진 브레인스토밍 과정은 학생들에게는 글 쓸 자료가 가득한 보물 상자가 될 수 있다. 다음은 학습자가 직접 작성한 의미 망의 예시이다.

<브레인스토밍>

단계 2. 초안 쓰기(drafting)

초안 쓰기 단계는 학습자들이 칠판에 적힌 브레인스토밍 아이디

---

18) 상급 학년이 되어 텍스트 단위의 글을 쓰는 시기가 되면 글쓰기 유형을 고려하여 그 유형의 글을 쓰는데 가장 적합한 그래픽 오거나이저(graphic organizer)를 사용한다. 예를 들어 두 개의 대상을 비교하는 글을 작성하는 경우에는 벤 다이어그램(venn diagram)을 사용하여 아이디어를 적어나가면 공통점과 차이점에 대한 생각을 잘 정리할 수 있다.

어들을 참고로 하여 자신의 글에 적을 아이디어를 정리하여 초안을 작성하는 단계이다. 초안 쓰기는 학습자의 수준에 따라 개별 활동이나 그룹 활동으로 한다. 초안 쓰기에서의 주안점은 글의 내용이며, 단어의 철자나 문장 구조의 정확성 확인은 나중 단계로 미루어 둔다. 다음은 초안 쓰기의 예시이다.

<초안 쓰기>

단계 3. 피드백 받기(sharing and responding)

이 단계에서는 개별 또는 그룹으로 작성한 초안을 소리 내어 읽고 다른 학생들에게서 피드백을 받는 단계이다. 개별로 작성한 경우에는 자기가 속한 그룹 내에서 교대로 읽고 피드백을 받는다. 그룹으로 작성한 경우에는 그룹별로 교대로 읽고 피드백을 받는다. 초안을 읽을 때 실물 화상기(visual presenter/document camera)를 이용하면 다른 학생들이 글 쓴 내용을 스크린으로 볼 수 있다. 초안을 읽고 피드백을 주고받을 때는 다음에 유의하도록 한다. 다음 사항을 점검표(checklist)로 나누어주고 활용하게 한다.

1) 글의 내용에 대한 피드백을 한다.

2) 피드백은 좋은 부분과 궁금한 점을 언급한다. 예를 들면 할머니 댁에서 또 어떤 일을 했는지 알고 싶다고 질문을 한다.

3) 수정하면 더 좋아질 부분은 대안을 같이 제안한다.

4) 피드백을 받은 학생은 내용을 기억할 수 있도록 기록을 한다.

단계 4. 피드백 반영하여 다시 쓰기(revising)

이 단계에서는 학생들이 받은 피드백을 참고로 하여 글의 내용을 수정하여 두 번째 종이에 적는다. 이 단계에서도 여전히 학습자들의 주 관심사는 글의 내용과 글의 조직(내용의 순서)이다. 글의 내용을 잘 다듬고 순서에 맞게 잘 배열하여 쓰도록 한다. 다음 사항을 점검표로 나누어주고 활용하게 한다.

1) 글의 시작이 흥미로운가?

2) 글이 읽고 싶은 내용인가?

3) 내용의 순서가 적절한가?

4) 끝맺음이 잘 되었나?

단계 5. 오류 수정하기(editing)

이 단계는 글에 오류가 없는지 점검하고 수정하는 단계이다. 특히 그룹으로 쓰기를 하는 경우 이 단계는 역할을 나누어 수행할 수도 있다. 하나의 역할을 1명 또는 2명이 맡아 오류를 점검하고 수정하도록 한다. 문법의 경우에는 문장 내의 단어 배열이 바르게 되었는지를 확인할 수 있는 문장 목록들이 교실 내에 비치되어 있으면 학생들이 참조하기에 편리하다.

<전문가 역할 분담>

역할 1	역할 2	역할 3
문장 전문가 (Dr. Sentence)	철자 전문가 (Dr. Spelling)	쓰기 규칙 전문가 (Dr. Mechanics)

단계 6. 발표하기(publishing)

완성된 글을 새 종이에 깨끗이 작성하고 발표하는 단계이다. 독자가 잘 읽을 수 있도록 써야함을 명심하고 정성들여 작성하게 한다. 손으로 쓰거나 컴퓨터를 이용하여 쓰게 한다. 내용에 맞게 초대장이나 이야기 책 등 다양한 형태로 작성한다. 학생들이 원한다면 내용에 맞는 그림을 그리게 한다. 완성이 되면 발표를 하고 교실에 게시한다.

이와 같이 과정 중심 쓰기는 글쓰기의 전체 또는 일부 과정을 학습자들이 경험할 수 있도록 도와주며 쓰기 지도가 이루어져야 할 여러 요소들을 단계적으로 다루는 교수법이다. 과정 중심 쓰기를 통해서 학습자들은 교사와 함께 브레인스토밍(쓰기 전 활동)을 한 뒤에 개별 또는 그룹으로 쓰기 활동을 할 수 있다. 이렇게 탄생된 글은 한두 개의 문장일 수도 있고 여러 문장으로 이루어진 텍스트일 수도 있다. 어떤 결과물이건 학습자들이 그 결과물이 나오기까지의 과정을 스스로 경험한다는 점이 중요하다.

3.2 패턴 북(pattern book) 쓰기

패턴 북은 주제를 정하여 한 개 또는 두 개의 문장 패턴(sentence pattern) 즉 문장 틀(sentence frame)을 이용하여 이야기를 만드는 활동이다. 패턴 북은 외국어 읽기의 초급 단계에서 읽기 자료로 사용되는 유형의 책이다. 이 유형의 책을 읽고 난 뒤 후속 활동으로 이 책에 나오는 문장 패턴을 모델로 하여 쓰기를 지도할 수 있다. 다음은 Creative Teaching Press에서 출판한 Learn to Read, Read to Learn 시리즈의 책에 나오는 이야기들이다. 저자는 Rozanne Lanczak Williams이다. 책 한권에 하나의 문장 패턴이 반복되며, 한 쪽에 하나의 문장이 그림과 함께 실려 있다.

제목: I Can Write
이야기 내용:
I can write on the sidewalk.
I can write on the paper.
I can write on the chalkboard.
I can write on the birthday card.
I can write on the postcard.
I can write on the computer.
I can write!

제목: Under the Sky
이야기 내용:
Under the sky, there is a tree.
Under the tree, there is a flower.
Under the flower, there is some grass.
Under the grass, there is a rock.
Under the rock, there is some soil.
Under the soil, there is a worm.
Hello, worm!

이 책들은 각각 "I can write _____." "Under the _____, there is _____."라는 문장이 반복적으로 사용되며 페이지마다 문장의 내용을 표현하는 아이들의 모습이 사진으로 실려 있거나 그림으로 그려져 있다. 이 책을 읽고 난 뒤 이 책의 문장과 동일하게 '책 다시 만들기'(recreation) 또는 문장 패턴을 이용하여 다른 내용으로 '이야기 바꾸어 쓰기'(innovation) 활동을 할 수 있다. 이야기를 만든 뒤 내용에 맞게 사진을 찍거나 그림을 그려서 패턴 북을 만드는 것이다.

3.3 패턴 시(pattern poetry) 쓰기[19]

패턴 시는 일정한 모양의 패턴으로 시를 써보는 활동이다. 일반적으로 시를 쓰는 것은 어렵게 여겨지지만 패턴 시는 구체적인 틀과 예시를 제시함으로써 초보 학습자도 쉽게 쓸 수 있다.

막연히 시를 쓰게 하는 것보다 학습자들이 의지할 수 있는 일정한 틀 또는 형식을 제시함으로써 아직은 불완전한 외국어로 시를 쓰는 작업이 수월해지도록 도와줄 수 있다. 제시하는 시의 틀이나 형식은 학습자의 외국어 수준에 맞게 난이도를 조절하면 된다.

시는 다른 장르의 글보다 간결한 언어 표현으로 상징적인 의미를 함축적으로 담아낼 수 있으므로 외국어 학습자들이 자신이 갖고 있는 제한된 언어 자원을 동원하여 표현하고 싶은 욕구를 실현하는 장치를 제공한다. 예를 들면, 모든 표현을 반드시 완전한 문장의 형태로 작성하지 않아도 된다. 다음 예에서 보듯이 '여름'을 주제로 하여

---

19) 저자가 "영어교과교육 핵심 의사소통활동책"에서 쓴 내용이다.

시를 쓰는 경우 [형용사 + 명사]의 패턴을 제시하고 여름이 연상시키는 이미지들을 나열하는 것만으로도 여름에 대한 느낌을 표현하는 시를 완성할 수 있다.

다음 수업의 예시를 보자.

● **수업의 개요**

주제(Topic): Summer
목표(Objective): The students will be able to write a six-line poem about summer.
어휘(Vocabulary): summer
자료: 활동지

● **절차**

주어진 주제에 대해 일정한 패턴에 따라 다양한 형용사와 명사를 동원하여 6행의 시를 쓰는 활동을 다음 절차로 가르친다.

단계 1: 칠판에 교사가 시를 적은 뒤에 학생들에게 소리 내어 읽어준다. 학생들에게 시에 어떤 패턴이 있는지 찾아보게 한다.

Summer

Hot sun
Cold ice cream
White sand
Blue water
Big shells
Small pebbles

단계 2: 학생들에게 이러한 패턴의 시를 지어보자고 말한다. 학생들과 상의하여 주제를 하나 정한다. 주제를 정할 때 가능하면 학생들에게 매우 친숙한 것을 선정하는 것이 바람직하다. 예를 들어 '생일 파티'를 주제로 정한다.

T: Choose your topic.

단계 3: 칠판 한 가운데에 원을 그리고 그 원 안에 주제를 적은 뒤에, 이 주제에 대해 떠오르는 영어 단어들을 자유롭게 말해보게 한다. 학생들이 영어로 어떻게 말하는지 모르는 경우에는 모국어로 말하게 해도 좋다. 학생들이 말하는 단어를 원 주변에 소리 내어 읽으며 적어나간다. 이때 단어는 반드시 [형용사+명사] 형태가 아니어도 된다. 주제와 관련된 형용사나 명사를 하나씩 말해도 괜찮다고 말해준다. 만일 학생들이 말한 단어가 형용사나 명사가 아니라면 칠판 한쪽에 적어 둔다.

T: Think about the topic.
Let's make a semantic map.
Say anything that pops into your mind.

단계 4: 칠판 원 주변에 어느 정도 단어가 적히면, 단어에 번호를 붙인다. 번호는 단어를 구분하기 위해서 임의로 붙이는 것이다. 그리고 나서 교사가 부르는 단어를 학생들이 찾아서 번호를 말하고 단어를 읽어보게 한다. 칠판에 적힌 단어가 모국어이면 그 옆에 영어 단어를 적고 따라 읽어보게 한다.

단계 5: 형용사를 찾아보게 한다. 형용사는 예를 들어 파란색으로 표시한다. 그리고 명사를 찾아보게 한다. 명사는 예를 들어 빨간색으로 표시한다.

> T: Look at the words on the map.
> 'Red', 'nice', these are adjectives.
> Find the adjectives.
> I'll circle the adjectives in blue.
> 'Gift', 'balloon', these are nouns.
> Find the nouns.
> I'll circle the nouns in red.

단계 6: 이번에는 [형용사+명사] 패턴에 맞게 형용사와 명사를 짝지어 보게 한다. 예를 들면 칠판에 파란색으로 표시한 'nice', 'red'라는 형용사에 어울리는 명사를 찾아 'nice gifts', 'red balloons' 처럼 말해보게 한다. 처음에 두세 번은 교사가 시범을 보이고 그 다음부터는 교사가 형용사를 제시하면 어울리는 명사를 말해보게 한다. 순서를 바꾸어 교사가 명사를 제시하고 어울리는 형용사를 말해보게 한다. 칠판에 [형용사+명사] 패턴이 어느 정도 쌓이면 패턴들을 이용하여 6행의 시를 학생들과 함께 만들어 칠판에 적어본다.

> T: Match one adjective and one noun.

Like nice gifts, red balloons.
Make as many [adjective + noun] patterns as possible.
You can do this either way.
Choose a noun first and find an adjective.
Or choose an adjective first and find a noun.

단계 7: 이와 같은 방식으로 준비과정이 충분히 이루어지면 학생들에게 이 패턴을 이용하여 스스로 자신만의 시를 지어보게 한다. 학습자의 수준에 따라 칠판에 공동으로 지은 시를 그대로 베껴 쓸 수도 있고, 형용사나 명사를 몇 개만 바꾸어 쓸 수도 있고, 새로운 [형용사+명사]패턴을 만들어 시를 쓸 수도 있다. 이러한 몇 가지 가능성을 설명하고 활동지 상단에 예시로 적어주는 것이 효과적이다. 활동지는 연습용과 발표용 두 가지로 구분하여 나누어 주고 연습용에 먼저 시를 지어 작성한 뒤 완성된 시를 발표용에 깨끗하게 적어보게 한다. 시의 내용에 해당하는 그림을 그려 넣게 해도 좋다.

T: Choose six patterns of [adjective and noun].
Put them in order for your poem.
Write your poem neatly in a paper.

학습자들이 패턴 시를 쓰는데 어느 정도 연습이 되고 자신감이 생기면 좀 더 난이도 있는 패턴을 제시하고 시를 써보게 할 수 있다. 예를 들면, 구(phrase)의 형태가 아니라 문장 패턴(sentence pattern)을 지정해주고 이를 이용하여 시를 써보게 하는 것이다.

다음 수업의 예시를 보자.

● 수업의 개요

주제(Topic): Emotion
목표(Objective): The students will be able to write a five senses poem about emotion.
어휘(Vocabulary): happiness, love, hate, loneliness, jealousy, embarrassment
자료: 활동지

● 절차

주어진 주제에 대해 일정한 문장 패턴에 따라 5행의 시를 쓰는 활동을 다음과 같은 절차로 지도할 수 있다.

단계 1: 칠판에 교사가 쓴 시를 적은 뒤에 학생들에게 소리 내어 읽어준다. 학생들에게 시에 어떤 패턴이 있는지 찾아보게 한다. 패턴을 찾아서 칠판에 적어본다.

Happiness[20]

Happiness is the color of breeze.
It feels like fresh air.
It sounds like an ocean.
It smells like a bright red rose.
It tastes like a cold fresh ice cream.

---

20) *The art of teaching ESL*에 나오는 시이다.

1. Five lines long.
2. Each line has a sense of emotion.

★Five Senses★
Sight: looks like _____
Touch: feels like _____
Sound: sounds like _____
Smell: smells like _____
Taste: tastes like _____

단계 2: 학생들에게 이러한 패턴의 시를 지어보자고 말한다. 학생들과 상의하여 주제를 하나 정한다. 예를 들어, '사랑,' '외로움,' '행복,' '슬픔,' '화' 등과 같은 '감정'을 주제로 정한다.

T: You are going to write a poem about emotion.
You can choose any emotion for your poem. For example, love, sadness, loneliness, anger, happiness.

단계 3: 교사는 학생들과 함께 이 중 하나(Love)를 주제로 선택하여 칠판 한 가운데에 원을 그리고 그 원 안에 주제를 적은 뒤에 원 밖에 다음 그림과 같이 'looks like,' 'feels like,' 'sounds like,' 'smells like,' 'tastes like'을 적는다.

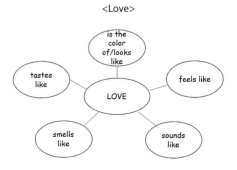

단계 4: 이 감정에 대해 떠오르는 느낌을 시각, 촉각, 청각, 후각, 미각으로 비유하여 자유롭게 상상해보고 이것을 각각 패턴을 이용하여 말해보게 한다. 학생들이 영어로 어떻게 말하는지 모르는 경우에는 모국어로 말하게 해도 좋다. 학생들이 말하는 패턴을 원 주변에 소리 내어 읽으며 적어나간다. 학생들이 문장으로 말하는 것을 어려워하면 교사가 예를 들어 "Love feels like~"라고 문장을 시작하고 학생들이 예를 들어 "soft clouds"와 같이 뒷부분을 채워서 문장을 완성하게 하는 방식으로 진행한다.

> T: Think about love.
> What does it feel like?
> You can say using this pattern.
> Love feels like ...?
> Ss: Soft clouds.

단계 5: 칠판 원 주변에 어느 정도 표현이 많이 적히면 패턴들을 이용하여 5행의 시를 학생들과 함께 만들어 칠판에 적어본다.

> T: Choose one expression for each sense of emotion.
> One for sight, one for touch, one for sound, one for smell, and one for taste.

단계 6: 준비 과정이 충분히 이루어지면 학생들에게 이 패턴을 이용하여 스스로 자신만의 시를 지어보게 한다. 학습자의 수준에 따라 칠판에 공동으로 지은 시를 그대로 베껴 쓸 수도 있고, 형용사나 명사를 몇 개만 바꾸어 쓸 수도 있으며, 새로운 패턴을 만들어 시를 쓸 수도 있다. 이러한 몇 가지 가능성을 설명하고 활동지 상단에 예시로 적어주는 것이 효과적이다. 활동지는 연습용과 발표용 두 가지로 구분하여 나누어 주고 연습용에 먼저 시를 지어 작성한 뒤 완성된 시를 발표용에 깨끗하게 적어보게 한다. 시의 내용에 해당하는 그림을 그려 넣게 해도 좋다.

4. 초등영어 교과서의 쓰기 활동

초등학교 영어 교과서에서 쓰기 지도 내용과 방법을 어떻게 제시하고 있는지 살펴보자. 예시로 살펴볼 단원은 [대교출판사 교과서 6학년 6단원 4, 5차시]이다.

샘플 단원: 6학년 6단원 What Will You Do This Summer?

[단원 목표]

듣기
1. 앞으로 할 일을 묻고 답하는 말을 듣고 이해할 수 있다.
2. 교통수단을 묻고 답하는 말을 듣고 이해할 수 있다.

말하기
1. 앞으로 할 일을 묻고 답하는 말을 할 수 있다.

2. 교통수단을 묻고 답하는 말을 할 수 있다.

읽기

  1. 강세, 리듬, 억양에 맞게 문장을 소리 내어 읽을 수 있다.

  2. 앞으로 할 일과 교통수단에 대해 묻고 답하는 대화를 읽고 이해할 수 있다.

  3. 여름 방학 계획에 대한 글을 읽고 이해할 수 있다.

쓰기

  1. 낱말이나 어구를 써넣어 문장을 완성할 수 있다.

  2. 예시문을 참고하여 여름 방학 계획에 대한 짧은 글을 쓸 수 있다.

[학습 내용]

의사소통기능

1. 앞으로 할 일 묻고 답하기: What will you do this summer vacation? I'll go to Udo.

2. 교통수단 묻고 답하기: How will you get there? I'll get there by plane.

신출 어휘

  barbecue, best, by, dear, fish, grandparent, horse, sea, ship, spring, train, wait, talk, week, will

[단원 지도 계획]

차시	학습 단계	학습 활동
1	Look and Listen Listen and Repeat Listen and Play	대화 듣고 내용 이해하기 대화 듣고 따라 말하기 손가락 트위스트 놀이 하기
2	Look and Say Talk! Talk! Talk and Play	대화문 듣고 주요 표현 말하기 여름 방학 계획에 대해 대화하기 종 올리기 놀이 하기
3	Sing! Sing! Think and Say Look and Read	What Will You Do This Summer? 노래하기 여름에 갈 곳과 할 일에 대해 대화하기 쉽고 간단한 대화 읽기
4	Let's Read Read and Do	여름 방학 계획에 대한 글 읽기 읽은 내용 확인하기
5	Sing! Sing! Think and Say Look and Read	낱말이나 어구를 써넣어 문장 완성하기 여름 방학 계획에 대한 글 쓰기 그림에 알맞은 문장 쓰기 놀이하기
6	Project	친구들과 1박 2일 여행 계획 세우기
7	Activity Review	단원 학습 내용 정리하기

초등영어 교과서의 쓰기 활동은 학년에 따라 차이가 있다. 6학년 교과서의 문자언어 활동은 3차시 대화문 읽기 활동에서 시작하여, 4차시 읽기 중심의 문자언어 활동, 5차시 읽기와 쓰기 활동, 6차시 프로젝트를 통한 듣기, 말하기, 읽기, 쓰기의 통합 활동순으로 이어진다.

3차시	4차시	5차시	6차시
대화문 읽기	글 읽기, 쓰기	글 읽고 쓰기, 단어/어구 쓰기	프로젝트
1,2차시의 듣기, 말하기와 읽기를 연계	읽기 중심	읽기를 기반으로 한 쓰기	듣기, 말하기, 읽기, 쓰기 통합

이 절에서는 4차시의 Let's Read의 사후 활동과 5차시의 Think

and Write 활동을 어떻게 지도하는지 알아보겠다.

4.1 Let's Read 지도 절차

4차시의 학습 목표는 '여름 방학 계획에 대한 글을 읽고 이해할수 있다'이다. 텍스트를 읽고 이해한 내용을 도표를 이용해 써보는 순서로 지도할 수 있다. 절차는 다음과 같다.

단계 1. Pre-reading

1) 제목, 도표 및 원그래프를 가리키며 학생들과 묻고 답한다. 도표와 원그래프에 나온 주요 어구들을 학생들이 읽을 수 있는지, 어구의 의미를 이해하는지 확인한다.

> T: Look at the title. Can you read it?
> Look at the pie chart. What's the chart about?
> That's right. It's about the survey.
> The survey question is: What will you do this summer vacation?
> Look at the chart and answer me.
> How many students will go camping? (원그래프에서 해당 부분을 가리키며)
> How many students will go hiking? (원그래프에서 해당 부분을 가리키며)

2) 교과서 삽화와 사진을 보며 읽을 내용을 추측하여 말하도록 유도한다.

> T: Okay. Look at this boy over here. (지훈을 가리키며)
> Jihun and his family.

What will they do this summer?
Good.
Now look at this girl, Nancy, over here. (Nancy를 가리키며)
Where does she live?
That's right. She lives in Canada.
What will she do this summer?
Look at this picture on the left.
Where is she in the picture? Can you guess?
Where is she in this picture, the picture on the right?
Let's read the story and find out what Jihun and Nancy will do this summer.
Read and check these things:
1. Where will they go?
2. How will they go there?
3. What will they do there?

3) 텍스트를 읽기 전에 '사전 퀴즈'(anticipation guide)를 풀어보게 해본다. 이 퀴즈는 텍스트를 읽고 난 뒤 다시 확인해본다.

<사전 퀴즈(anticipation guide)>

1. Jihun	"I'll go to Jejudo." (그림)	○
2. Nancy	"I'll go camping." (그림)	×
3. Nancy	"I'll go there by plane." (그림)	○
4. Jihun	"I'll go fishing." (그림)	○

단계 2. Reading

1) CD-ROM을 보며 학생들과 함께 텍스트를 소리 내어 읽는다.
2) 문장의 의미를 생각하며 읽게 한다. 텍스트를 읽을 때 주요 단어에 미리 준비한 그림 스티커를 준비했다가 붙이며 읽을 수 있다. 예를 들면, 다음 단어들을 읽을 때 그림 스티커를 붙인다.

I'll go camping with my family in Gangneung.
We'll go swimming and fishing in the sea.
We'll have a barbecue, too.
It will be fun.

3) 텍스트에서 주요 단어를 찾아보게 한다.

T: Can you find the word 'visit'?

단계 3. Post-Reading

다음과 같이 읽기 후 단계에서 그래픽 오거나이저(graphic organizer)
를 작성하며 쓰기 활동을 한다. 이 활동은 교과서의 Read and Do
활동 대신 또는 전후에 할 수 있다.

<그래픽 오거나이저(graphic organizer)>

	Jihun	Nancy
Where will they go?	*Gangneng*	*Tejudo*
How will they go there?	?	*by plane*
What will they do there?	• *go camping* • *go swimming* • *go fishing* • *have a barbecue*	• *walk Jeju Olle* • *visit the Chocolate Museum*

4.2 Think and Write 지도 절차

5차시 Think and Write 활동의 목표는 '예시문을 참고하여 여름
방학 계획에 대해 엽서를 쓸 수 있다'이다. 쓰기 활동을 다음과 같은

절차로 지도할 수 있다.

단계 1. Reading the Postcard

예시문 엽서를 읽으며 다음과 같이 그래픽 오거나이저로 내용을 작성하게 한다.

	Jinsu
Where will he go?	*China*
How will he go there?	*by plane*
What will he do there?	*go to the Great Wall*

단계 2. Pre-writing

그래픽 오거나이저에 자신의 여름 방학 계획을 작성해보게 한다. 교사는 학생들의 아이디어를 돕기 위해 다양한 사진이나 그림 자료를 준비하여 칠판에 붙이고 표현을 말해보게 한다.

Where do you want to go?				
Greece	*Pusan*	*Japan*	*Taiwan*	*Jejudo*

	Me
Where will you go?	
How will you go there?	
What will you do there?	

그래픽 오거나이저에 적은 내용을 참고로 하여 엽서를 완성한다.

Dear _____,

Hi.
I'll _____ this summer.
I'll go there _____.
I'll _____.
It'll be fun.

_____

Part 6

어휘 지도

1. 어휘의 중요성

의사소통에서 어휘는 메시지의 내용을 전달하는 중요한 역할을 한다. 따라서 외국어 학습자가 어휘를 얼마나 많이 알고 있는가는 의사소통을 얼마나 잘 할 수 있는가와 직결되는 문제이다. 어휘의 중요성은 듣기, 말하기, 읽기, 쓰기 등 모든 언어 기능에 다 해당된다. 어휘는 이해하고 전달하는 메시지의 내용과 관련이 있다. 듣기나 읽기의 상황에서 메시지의 내용 이해를 위해서는 내용에 해당하는 어휘의 의미를 알고 있어야 한다. 대화에서 다음과 같은 말을 들었다고 가정해보자.

> You know there are a lot of women rockers publishing **memoirs** now. In the past, it's been mainly men. Is that encouraging?

만일 청자가 **memoirs**라는 어휘의 의미를 모른다면 상황 맥락을 통해 화자가 하는 말의 대략적인 의미는 짐작할 수 있겠지만 정확한 메시지의 의미는 이해하지 못하게 된다. 자신이 말을 하거나 글을 읽는 경우도 마찬가지의 상황이 발생할 수 있다. 어휘는 메시지 이해와 전달의 유창성과도 관련이 있다. 대화 상대자가 하는 말을 이해하거나 자신이 하고자 하는 말을 표현하는 상황에서 메시지를 나타내는 적절한 어휘가 즉각적으로 생각나지 않는다면 의사소통의 유창성은 확보되지 않는다.

그렇다면 외국어 학습자가 효과적인 의사소통을 하기 위해서는 얼마 만큼의 어휘를 학습해야하는가? 그리고 어떤 어휘를 우선적으로 학습해야 하는가?

우선 첫 번째 질문은 영어 모국어 화자의 어휘 보유량(vocabulary size)과 관련하여 고려해볼 수 있을 것이다. Nation(2003)에 의하면, 일반적으로 대학 교육을 받은 영어 모국어 화자의 경우 약 20,000여 개의 영어 단어 군(word family)[21]을 보유하고 있으며, 제2언어 학습자가 영어로 의사소통하기 위해서는 적어도 5,000 단어에서 10,000 단어 정도를 보유해야 한다고 한다. 그러면 제2언어 학습자는 영어

---

21) 단어 군(word family)은 단어의 기본(base) 형태와 굴절(inflection) 및 파생(derivation) 형태를 모두 포함하는 단위이다. 굴절 및 파생 형태는 각각 기본 형태에 굴절 접사(inflectional affix) 및 파생 접사(derivational affix)가 첨가되어 만들어진다. 영어의 굴절 접사는 동사의 현재 시제 s, 과거 시제 ed, 분사 ed, ing, 명사의 복수 s 소유 's, 형용사 및 부사의 비교급 er, 최상급 est 등이 있다. 영어의 파생 접사 중 접두사(prefix)로는 de, dis, in, un, re, pre 등, 접미사(suffix)로는 able, er, ish, less, ly, ness, ess, ful, ment 등이 있다.

argue	happy	courage
argues	happily	courageous
argued	happiness	courageously
arguing	happier	discourage
argument	happiest	discourages
arguments	unhappy	discouraged
	unhappily	discouraging
	unhappiness	discouragement
		encourage
		encourages
		encouraged
		encouraging
		encouragement

의 어휘 중 어떤 어휘를 우선적으로 학습해야하는가를 생각해볼 수 있다. 학습자가 어휘를 학습하는 목적을 고려하면 답은 분명해진다. 어휘 학습의 목적은 의사소통이며 따라서 우선적으로 학습해야 할 어휘는 당연히 의사소통상 빈번히 사용되는 어휘이다. Nation(2003)의 통계에 따르면, 영어에서 빈도수가 가장 높은 어휘 1,000개가 학술적인 글과 신문지상의 단어 중 75%를 차지하며, 소설에 사용된 단어 중 80%이상을 차지하고, 일상 대화에 사용되는 단어 중 약 85%를 차지한다고 한다. 즉 영어 단어 중 1,000개의 단어들이 영어 의사소통의 대부분에 사용된다는 것을 알 수 있다.[22]

2. 어휘 지도에서 고려할 사항

2.1 빈도수가 높은 어휘를 지도하라

제한된 시간 내에 의사소통이라는 목표를 효과적으로 달성하기 위해서는 빈도수가 높은 어휘(high frequency vocabulary)를 중심으로 지도해야 한다. 학습한 어휘가 빈도수가 높을수록 학습자의 실제 언어 사용에 유용하다. 예를 들어 유사한 의미를 갖는 어휘라 하더라도 'frightened' 보다 'scared', 'significant' 보다 'important'가 의사소통상 빈도가 높은 어휘이며 먼저 지도되어야 한다. 의미가 서로 다른 어휘인 경우에도 'academic'이라는 단어보다 'pencil'이라는 단어가 의사소

---

22) 빈도수가 높은 영어 어휘를 보여주는 Dolch word list(http://www.kidzone.ws/dolch/), Fry word list(http://www.k12reader.com/subject/vocabulary/fry-words/) 등 다양한 어휘 목록들이 존재한다.

통에 더 자주 쓰이며 마찬가지 이유에서 우선 지도되어야 한다. 다음은 아동 학습자에게 유용한 고빈도 영어 명사 목록23)이다.

> apple, baby, back, ball, bear, bed, bell, bird, birthday, boat, box, boy, bread, brother, cake, car, cat, chair, chicken, children, Christmas, coat, corn, cow, day, dog, doll, door, duck, egg, eye, farm, farmer, father, feet, fire, fish, floor, flower, game, garden, girl, good-bye, grass, ground, hand, head, hill, home, horse, house, kitty, leg, letter, man, men, milk, money, morning, mother, name, nest, night, paper, party, picture, pig, rabbit, rain, ring, robin, Santa Claus, school, seed, sheep, shoe, sister, snow, song, squirrel, stick, street, sun, table, thing, time, top, toy, tree, watch, water, way, wind, window, wood (Dolch Noun List)

그런데 어휘를 학습하는 학습자의 필요에 따라 빈도수와 유용성의 개념은 다소 차이가 있다. 학습자가 외국어를 학습하는 목적에 따라 빈도수가 낮아도 그 학습자의 목적에 부응하는 단어라면 그 단어는 해당 학습자에게 유용한 단어이다.

2.2 다양한 방식으로 어휘를 지도하라

어휘를 지도하는 방법은 크게 직접적으로 가르치는 명시적인 지도(explicit instruction)와 간접적으로 가르치는 암시적인 지도(implicit instruction)가 있다. 학습자에게 단어 목록을 제시하고 단어의 발음을 들려주며 따라 말하게 하고, 단어의 의미를 설명하거나 모국어로 알려주고, 단어의 철자나 형태에 대한 규칙 등을 알려주는 방식은

---

23) 우리나라 영어 교육과정 문서에는 기본 어휘 목록이 제시되어 있다. 빈도수와 학습자에게의 유용성을 고려하여 작성된 목록이다. 이 어휘 목록을 기반으로 초등영어 교과서가 개발된다.

명시적인 지도 방법에 속한다. 이와는 달리 대화문을 듣거나 말하거나 글을 읽거나 쓰는 활동을 하는 동안 단어를 학습하도록 하는 것은 암시적인 지도 방식이다. 후자는 학습자가 듣기, 말하기, 읽기, 쓰기 능력을 개발하는 동안 부수적으로 단어를 학습하는 효과를 갖는다는 점에서 부수적인 학습(incidental learning)이라고도 한다. 의사소통에 단어를 사용할 수 있도록 하기 위해서는 다양한 방식으로 어휘를 지도해야 한다.

2.3 듣고 말하고 읽고 쓰면서 어휘를 사용하게 하라

어휘 지도는 학습자에게 명시적이건 암시적이건 단어를 제시하고 이해하게 하는데 그치지 않고, 의사소통 활동에서 듣고 말하고 읽고 쓰면서 실제로 어휘를 사용하도록 해야 한다. 의사소통 활동을 하는 동안 다양한 상황에 학습한 어휘를 적용하는 경험을 쌓으면서 어휘를 내면화하고 자동화하게끔 지도해야 한다. 이런 경험을 통해 듣기, 말하기, 읽기, 쓰기에 어휘가 유창하게 사용될 수 있을 것이다.

3. 어휘 지도 방법

외국어 교수법마다 강조하는 언어 기능과 언어 요소[24]에 차이를 보인다. 어휘 지도는 외국어 교수법마다 다른 방식으로 다루어진다.

---

24) 언어 기능(language skills)은 듣기, 말하기, 읽기, 쓰기 등 언어가 사용되는 기능을 말하며, 언어 요소는 발음, 어휘, 문법, 의사소통기능, 문화 등 언어를 구성하는 요소를 말한다.

예를 들면, 문법번역식 교수법(grammar-translation method)에서는 독해와 번역 등의 문자언어 학습을 통한 방식으로, 청화식 교수법(audiolingual method)에서는 대화문을 따라 말하고 암기하는 등 음성언어 학습을 통한 방식으로 지도된다. 어휘는 주로 듣기, 말하기, 읽기, 쓰기 등 기능을 중심으로 하는 수업에서 본 활동 전 단계나 본 활동의 후속 활동으로 다루어진다. 또는 어휘에 대해 지도를 하기보다는 어휘 목록을 제시하고 학습자들 스스로 암기하고 교사는 이를 테스트하는 방식으로 다루어지는 경우도 빈번하다. 그러나 의사소통에서의 어휘의 중요성을 고려할 때 어휘 지도가 수업 시간 내에 제대로 지도되어야한다는 점은 분명하다.

어휘 지도는 효과적인 제시와 연습이 중요하다. 이 절에서는 효과적인 어휘 제시 방법과 시각 단어(sight word)에 대해 알아본다.

3.1 어휘 제시 방법

어휘 학습은 학습자가 제시된 어휘를 이해하고 의사소통에 사용할 수 있도록 자신의 장기 기억 속에 잘 저장하는 것이다. 이런 이유에서 어휘 제시는 학습자를 주목시키고 기억에 가능한 오래 남도록 인상적으로 그리고 어휘의 의미를 명확하고 쉽게 이해시키는 방향으로 이루어져야 한다. 어휘를 제시하는 방법은 다양하다(Cross, 1999).

1) 시각적인 제시

어휘를 제시하는 효과적인 방법은 직접 보여주는 것이다. 어느 수준의 학습자이건 효과적이다. 시각적인 제시에는 주로 사진, 그림 또는 그림 카드, 실물 등을 보여주거나 교사가 신체를 사용하여 어휘의 의미를 전달하는 방법이 있다.

(1) 실물(realia)

시각적인 제시 방법 중 어휘의 의미를 가장 정확하게 보여주는 것은 실물이다. 학습해야 할 어휘가 다음과 같이 교실이나 학교에 있는 물건이라면 직접 그 물건을 보여준다.

> ball, book, bag, chair, chalk, cup, desk, door, eraser, floor, notebook, pencil, ruler, table, teacher, white board, window

수업 시간에 학습할 어휘가 학생들이 학교에 가져올 수 있는 소지품이나 물건이라면 어휘를 제시하는 훌륭한 방법이 될 수 있다. 실물의 모형도 해당한다.

> airplane, apple, bread, bus, car, doll, egg, family picture, jumping rope, toy, truck, whistle

(2) 그림 또는 그림 카드(picture flashcards)

실물을 직접 가져올 수 없는 어휘라면 그림이나 그림 카드를 이용하여 제시한다. 예를 들어 교실에 동물이나 장소나 건물 등을 직접 가져올 수가 없으므로 그림으로 제시한다.

> elephant, giraffe, monkey, tiger
> bank, beach, church, hospital, market, museum, sea

우리나라 교과서에는 그림 카드가 부록으로 제시되어 있는 경우가 대부분이다. 이미 만들어진 그림 카드를 사용하는 것도 좋지만 교사가 만들거나 학생들과 직접 만든 그림 카드가 학습의 흥미를 더 유발할 수 있다. 그림 카드를 직접 제작하는 경우에 유의할 점은 어휘의 의미가 잘 전달되도록 제작해야 한다는 것이다. 예를 들어 샌드위치를 먹고 있는 그림은 제시하고자 하는 어휘가 'eat'인지 'sandwiches'인지 불분명할 때가 있다.

(3) 사진

그림보다 의미가 분명하게 전달되는 것은 사진이다. 특히 학습자들이 잘 알아볼 수 있는 사진은 의미 전달에 혼란이 없다. 예를 들어 그림 카드는 대개 간략하게 그림이 그려지는 경우가 있으므로 'market'이라는 단어의 경우 학생들이 단어의 뜻을 알아채기 어려울 수 있다. 또 'museum'이라는 단어도 그림 카드로 그 뜻을 전달하기가 어렵다. 이런 경우 학생들이 친숙한 (학생들이 사는 지역의) 시장이나 박물관의 사진으로 제시하면 의미가 분명하다.

(4) 신체

교사가 얼굴 표정이나 제스처, 마임 등으로 어휘를 제시할 수 있다. 이렇게 제시하는 것이 효과적인 단어들이 있다. 예를 들어, 감정이나 상태를 나타내는 형용사들을 얼굴 표정으로 제시한다.

happy, sad, angry, tired, hungry, thirsty, sleepy, exciting, hot, cold

아래 단어들은 제스처나 마임으로 제시할 수 있다.

fast, slow, high, low, big, small, strong, wide, narrow, stand up, sit down, run, dance, sing, sleep, cry, laugh, get up, study, eat, drink

2) 언어적인 접근

제시하는 어휘와 의미가 관련이 있거나 반대가 되는 단어와 함께 제시하거나 그 어휘가 쓰이는 상황을 설명하여 제시하는 방법이다. 또는 학습자의 모국어로 번역하는 방법도 있다.

(1) 관련된 어휘

제시하는 단어와 관련된 단어들을 함께 제시한다. 학습한 단어들을 함께 제시하면 효과적이다. 제시하는 단어가 과일이라면 다른 과일에 해당하는 단어들을 함께 제시한다.

fruit: apple, banana, grape, orange, pineapple, watermelon
clothing: blouse, shirt, skirt, pants, socks, gloves
furniture: chair, table, desk, sofa
people: boy, girl, baby, man, woman

(2) 반대말

초등영어에서는 학습하는 어휘 수가 많지 않기 때문에 비슷한 말을 제시하는데 어려움이 있는 반면 반대말을 제시하는 것은 가능하다.

hot ↔ cold early ↔ late	hungry ↔ full high ↔ low	go ↔ come old ↔ young

(3) 상황 설명

때로 이야기를 하며 제시하고자 하는 어휘가 사용되는 상황을 묘사하면 그 상황에 대한 기억과 함께 어휘가 오래 기억되기도 한다. 예를 들어 'too'라는 단어를 칠판에 그림을 그리면서 다음과 같은 재미난 상황을 묘사하여 설명할 수 있다.

> T: Ted is a little boy. (칠판에 그림을 그리며)
> Jane is his friend.
> This is where she lives. (아파트 빌딩을 그리며)
> Jane invites him to her house.
> So Ted goes into the building. (아파트 빌딩을 가리키며)
> He goes into the elevator. (엘리베이터 문을 그리며)
> But he cannot go up to her house.
> Why? (학생들에게 추측하게 한다)
> She lives on the 30th floor. (힌트를 준다)
> That's right.
> He is TOO short, so he cannot touch the button! (엘리베이터 버튼을 높이 그린 뒤 버튼에 손이 닿지 않는다는 동작으로 하며)

(4) 모국어 번역

시간이 가장 적게 걸리고 의미가 정확하게 전달되는 방법은 모국어 번역이다. 다른 제시 방법이 의미 전달에 적절하지 않고 학생들이 의미에 혼란을 겪는다면 모국어 번역은 신속하게 이를 해결해준다. 추상적인 의미의 어휘는 다른 방법을 사용할 때 대략적인 의미만 전달된다. 정확한 의미 전달을 위해서는 모국어 번역이 가장 확실하다. 예를 들어 'guess'와 'imagine'의 차이는 모국어 번역으로 제시할 때 가장 정확하다.

3) 청각적/촉각적인 제시

일반적으로 어휘 제시는 시각적인 자료를 통해서 많이 이루어지는데, 소리나 촉각을 통한 방법이 더 적절하거나 효과적일 때가 있다. 다음 단어들은 소리를 들려주는 것이 효과가 있다.

music, noisy, sound

그런가 하면 물건을 만져보게 하는 등 촉각을 이용하여 다음 단어들을 제시할 수도 있다.

hard, soft, rough, smooth, thick, thin

동물이나 물건, 장소 등에 해당하는 단어를 제시할 때에도 시각자료를 사용하는 대신 때로는 소리를 들려주는 것이 상상과 호기심을 불러일으키고 주의를 집중하게 하며 신선한 효과를 줄 수도 있다. 교사가 직접 소리를 내거나 미리 녹음을 한 뒤 들려준다. 소리를 직접 내기 어려운 경우에는 TV나 영화 등의 소리를 녹음해서 들려준다.

bird, monkey, guitar, train, subway, ship, plane, fight, TV, movie, market, water, sea, park

어휘 제시 방법을 정할 때 다음 사항을 고려하여 정한다.
첫째, 제시하는 어휘의 특성에 맞는 방법을 선택한다. 어휘의 의미를 고려하여 시각적인 방법이 좋은지 청각적인 방법이 좋은지 결정한다.

둘째, 제시하는 어휘를 모두 한 가지 방법으로 통일할 필요가 없다. 보통 교사가 한 차시의 수업을 준비할 때 어휘 제시 방법을 하나로 통일하는 경우가 일반적이다. 모두 그림 카드로 제시하거나 모두 사진으로 제시하는 등이다. 하지만 단어에 따라 그림 카드가 효과적이지 않을 수도 있다. 예를 들어 오늘 수업에서 제시할 단어가 'large', 'jacket', 'blue'라고 가정하면, 모두 다 그림 카드로 제시하는 것보다 'large'는 제스처, 'jacket'은 실물, 'blue'는 그림 카드로 제시하는 것이 효과적이다.

셋째, 하나의 어휘를 다양한 방법으로 제시하는 것도 좋은 방법이다. 수업 시간 내내 해당 어휘를 한 가지 방법으로만 제시하는 것보다 여러 방법으로 제시하면 어휘의 의미를 여러 이미지로 접할 수 있게 된다. 'jacket'이라는 단어를 그림 카드, 사진, 실물, 마임 등으로 제시할 수 있다.

3.2 시각 단어(sight word) 목록을 이용한 지도 방법

'시각 단어'란 단어의 철자를 보며 '문자 해독'(decoding)하지 않고 보는 순간 바로 인지하게 되는 단어를 말한다. 주로 '빈도수가 높은 단어'(high frequency word)가 여기에 해당된다. 빈도수가 높은 단어는 여러 문자 언어 환경에서 자주 접하게 되므로 그 단어의 모양(shape)이 친숙해서 철자를 일일이 확인하지 않아도 금방 어떤 단어인지 인지가 가능하게 된다. 예를 들면 다음과 같은 단어들이 그러하다.

buy, see, summer, cat, dog, ball, run, tree, table, red, call, wind

반면 우리가 일상적으로 자주 접하지 못하는 빈도수가 낮은 단어들은 단어의 철자를 확인하며 문자 해독을 해야 인지할 수 있는 경우가 많다.

hypothallus, golliwog, dipole, nomenclature, apopemptic

따라서 빈도수가 높은 단어를 많이 알고 있으면 독해를 할 때 문자 해독 시간이 그 만큼 줄어들기 때문에 독해에 도움이 된다. 특히 읽기를 처음 배우는 초급 단계의 학습자들이 읽기 학습에 쉽게 적응할 수 있다. 따라서 시각 단어를 학습자들에게 제시하고 이 시각 단어를 중심으로 어휘를 학습하게 하는 것이 바람직하다.

이렇게 시각 단어를 중심으로 어휘를 지도하게 되면 학습자의 '시각 어휘'(sight vocabulary)의 양이 증가하게 되는 효과가 있다. 시각 어휘란 해당 학습자가 단어를 보고 바로 알 수 있는 어휘를 말하며, 따라서 시각 어휘는 학습자마다 다르다.

빈도수가 높은 단어들을 모아놓은 시각 단어 목록이 몇 가지 존재하는데 그 중 어린이 영어 어휘 학습에 Dolch 목록과 Fry 목록이 많이 인용된다.

Dolch 목록은 220 단어의 '서비스 단어'(service word) 목록과 95개의 명사 목록으로 구성된다(http://www.kidzone.ws/dolch/index.htm). 학습하면 읽기가 수월해진다고 해서 '서비스 단어'라고 하며 단어목록은 유아 단계, 유치 단계, 1학년, 2학년, 3학년 단계의 단어들로 구분된다.

Preschool: a, and, away, big, blue, can, come, down, find, for, funny, go, help, here, I, in, is, it, jump, little, look, make, me, my, not, one, play, red, run, said, see, the, three, to, two, up, we, where, yellow, you (40 단어)

Kindergarten: all, am, are, at, ate, be, black, brown, but, came, did, do, eat, four, get, good, have, he, into, like, must, new, no, now, on, our, out, please, pretty, ran, ride, saw, say, she, so, soon, that, there, they, this, too, under, want, was, well, went, what, white, who, will, with, yes (52 단어)

1st Grade: after, again, an, any, as, ask, by, could, every, fly, from, give, giving, had, has, her, him, his, how, just, know, let, live, may, of, old, once, open, over, put, round, some, stop, take, thank, them, then, think, walk, were, when (41 단어)

2nd Grade: always, around, because, been, before, best, both, buy, call, cold, does, don't, fast, first, five, found, gave, goes, green, its, made, many, off, or, pull, read, right, sing, sit, sleep, tell, their, these, those, upon, us, use, very, wash, which, why, wish, work, would, write, your (46 단어)

3rd Grade: about, better, bring, carry, clean, cut, done, draw, drink, eight, fall, far, full, got, grow, hold, hot, hurt, if, keep, kind, laugh, light, long, much, myself, never, nine, only, own, pick, seven, shall, show, six, small, start, ten, today, together, try, warm (41 단어)

다음은 Dolch의 명사 목록이다.

apple, baby, back, ball, bear, bed, bell, bird, birthday, boat, box, boy, bread, brother, cake, car, cat, chair, chicken, children, Christmas, coat, corn, cow, day, dog, doll, door, duck, egg, eye, farm, farmer, father, feet, fire, fish, floor, flower, game, garden, girl, good-bye, grass, ground, hand, head, hill, home, horse, house, kitty, leg, letter, man, men, milk, money, morning, mother, name, nest, night, paper, party, picture, pig, rabbit, rain, ring, robin, Santa Claus, school, seed, sheep, shoe, sister, snow, song, squirrel, stick, street, sun, table, thing, time, top, toy, tree, watch, water, way, wind, window, wood (95 단어)

웹사이트 www.sightword.com에서 제시하는 정보에 따르면, Dolch 단어 목록에 속하는 단어들은 영어 동화책에 나오는 단어의 약 80%, 성인 대상의 글에 사용되는 단어의 약 50%를 차지한다고 한다. Dolch 단어 목록보다 단어 수가 많은 Fry 단어 목록은 영어 모국어 3학년부터 9학년 수준의 읽기 자료에 자주 등장하는 단어들로 구성된다. Fry 단어 목록은 총 1,000개의 단어를 빈도수가 가장 높은 단어부터 순서대로 100개씩 10개의 그룹으로 구분하여 제시한다. 다음은 단어 목록이다.

Group 1 Fry Sight Words (1-100)

a, about, all, an, and, are, as, at, be, been, but, by, called, can, come, could, day, did, do, down, each, find, first, for, from, get, go, had, has, have, he, her, him, his, how, I, if, in, into, is, it, like, long, look, made, make, many, may, more, my, no, not, now, number, of, oil, on, one, or, other, out, part, people, said, see, she, sit, so, some, than, that, the, their, them, then, there, these, they, this, time, to, two, up, use, was, water, way, we, were, what, when, which, who, will, with, words, would, write, you, your

Group 2 Fry Sight Words (101-200)

after, again, air, also, America, animal, another, answer, any, around, ask, away, back, because, before, big, boy, came, change, different, does, end, even, follow, form, found, give, good, great, hand, help, here, home, house, just, kind, know, land, large, learn, letter, line, little, live, man, me, means, men, most, mother, move, much, must, name, need, new, off, old, only, our, over, page, picture, place, play, point, put, read, right, same, say, sentence, set, should, show, small, sound, spell, still, study, such, take, tell, things, think, three, through, too, try, turn, us, very, want, well, went, where, why, work, world, years

Group3 Fry Sight Words (201-300)

above, add, almost, along, always, began, begin, being, below, between, book, both, car, carry, children, city, close, country, cut, don't, earth, eat, enough, every, example, eyes, face, family, far, father, feet, few, food, four, girl, got, group, grow, hard, head, hear, high, idea, important, Indian, it's, keep, last, late, leave, left, let, life, light, list, might, mile, miss, mountains, near, never, next, night, often, once, open, own, paper, plant, real, river, run, saw, school, sea, second, seem, side, something, sometimes, song, soon, start, state, stop, story, talk, those, thought, together, took, tree, under, until, walk, watch, while, white, without, young

Group 4 Fry Sight Words (301-400)

across, against, area, become, best, better, birds, black, body, certain, cold, color, complete, covered, cried, didn't, dog, door, draw, during, early, easy, ever, fall, farm, fast, field, figure, fire, fish, five, friends, ground, happened, heard, himself, hold, horse, hours, however, hundred, I'll, king, knew, listen, low, map, mark, measure, money, morning, music, north, notice, numeral, order, passed, pattern, piece, plan, problem, products, pulled, questions, reached, red, remember, rock, room, seen, several, ship, short, since, sing, slowly, south, space, stand, step, sun, sure, table, today, told, top, toward, town, travel, true, unit, upon, usually, voice, vowel, war, waves, whole, wind, wood

Group 5 Fry Sight Words (401-500)

able, ago, am, among, ball, base, became, behind, boat, box, bring, brought, building, built, cannot, carefully, check, circle, class, clear, common, contain, correct, course, dark, decided, deep, done, dry, English, equation, explain, fact, feel, filled, finally, fine, fly, force, front, full, game, gave, government, green, half, heat, heavy, hot, inches, include, inside, island, known, language, less, machine, material, minutes, note, nothing, noun, object, ocean, oh, pair, person, plane, power, produce, quickly, ran, rest, road, round, rule, scientists, shape, shown, six, size, special, stars, stay, stood, street, strong, surface, system, ten, though, thousands, understand, verb, wait, warm, week, wheels, yes, yet

Group 6 Fry Sight Words (501-600)

anything, arms, beautiful, believe, beside, bill, blue, brother, can't, cause, cells, center, clothes, dance, describe, developed, difference, direction, discovered, distance, divided, drive, drop, edge, eggs, energy, Europe, exercise, farmers, felt, finished, flowers, forest, general, gone, grass, happy, heart, held, instruments, interest, job, kept, lay, legs, length, love, main, matter, meet, members, million, mind, months, moon, paint, paragraph, past, perhaps, picked, present, probably, race, rain, raised, ready, reason, record, region, represent, return, root, sat, shall, sign, simple, site, sky, soft, square, store, subject, suddenly, sum, summer, syllables, teacher, test, third, train, wall, weather, west, whether, wide, wild, window, winter, wish, written

Group 7 Fry Sight Words (601-700)

act, Africa, age, already, although, amount, angle, appear, baby, bear, beat, bed, bottom, bright, broken, build, buy, care, case, cat, century, consonant, copy, couldn't, count, cross, dictionary, died, dress, either, everyone, everything, exactly, factors, fight, fingers, floor, fraction, free, French, gold, hair, hill, hole, hope, ice, instead, iron, jumped, killed, lake, laughed, lead, let's, lot, melody, metal, method, middle, milk, moment, nation, natural, outside, per, phrase, poor, possible, pounds, pushed, quiet, quite, remain, result, ride, rolled, sail, scale, section, sleep, smiled, snow, soil, solve, someone, son, speak, speed, spring, stone, surprise, tall, temperature, themselves, tiny, trip, type, village, within, wonder

Group 8 Fry Sight Words (701-800)

alone, art, bad, bank, bit, break, brown, burning, business, captain, catch, caught, cents, child, choose, clean, climbed, cloud, coast, continued, control, cool, cost, decimal, desert, design, direct, drawing, ears, east, else, engine, England, equal, experiment, express, feeling, fell, flow, foot, garden, gas, glass, God, grew, history, human, hunting, increase, information, itself, joined, key, lady, law, least, lost, maybe, mouth, party, pay, period, plains, please, practice, president, received, report, ring, rise, row, save, seeds, sent, separate, serve, shouted, single, skin, statement, stick, straight, strange, students, suppose, symbols, team, touch, trouble, uncle, valley, visit, wear, whose, wire, woman, wrote, yard, you're, yourself

Group 9 Fry Sight Words (801-900)

addition, army, bell, belong, block, blood, blow, board, bones, branches, cattle, chief, compare, compound, consider, cook, corner, crops, crowd, current, doctor, dollars, eight, electric, elements, enjoy, entered, except, exciting, expect, famous, fit, flat, fruit, fun, guess, hat, hit, indicate, industry, insects, interesting, Japanese, lie, lifted, loud, major, mall, meat, mine, modern, movement, necessary, observe, park, particular, planets, poem, pole, position, process, property, provide, rather, rhythm, rich, safe, sand, science, sell, send, sense, seven, sharp, shoulder, sight, silent, soldiers, spot, spread, stream, string, suggested, supply, swim, terms, thick, thin, thus, tied, tone, trade, tube, value, wash, wasn't, weight, wife, wings, won't

Group 10 Fry Sight Words (901-1000)

action, actually, adjective, afraid, agreed, ahead, allow, apple, arrived, born, bought, British, capital, chance, chart, church, column, company, conditions, corn, cotton, cows, create, dead, deal, death, details, determine, difficult, division, doesn't, effect, entire, especially, evening, experience, factories, fair, fear, fig, forward, France, fresh, Greek, gun, hoe, huge, isn't, led, level, located, march, match, molecules, northern, nose, office, opposite, oxygen, plural, prepared, pretty, printed, radio, repeated, rope, rose, score, seat, settled, shoes, shop, similar, sir, sister, smell, solution, southern, steel, stretched, substances, suffix, sugar, tools, total, track, triangle, truck, underline, various, view, Washington, we'll, western, win, women, workers, wouldn't, wrong, yellow

이 사이트에는 다음과 같이 시각 단어들을 연습할 수 있는 게임들을 제공하고 있다(http://www.sightwords.com/sight-words/games/).

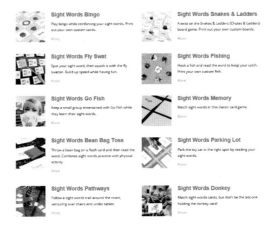

또한 The Curriculum Corner라는 사이트에서는 이 Fry 목록에 속하는 단어들을 이용하여 Fry Fluency Sentence List를 만들어 제공하고 있다. Fry 목록에 속하는 단어들을 이용하여 500개의 문장들을 만들고 이 문장들을 20개의 그룹으로 나누어 학습할 수 있도록 제시한다(http://www.thecurriculumcorner.com/thecurriculumcorner123/2015/09/fry-fluency-sentence-resources/). 이 문장들 중 첫 80개의 문장들은 다음과 같다.

Student Name: _____   Fry Fluency Sentences

Fry Words		Date	Date	Date	Fry Words		Date	Date	Date
1-20	Is that for you?				41-60	Many kids will use their pencils.			
	He was at school.					She will use one of each.			
	I was with my mom and dad.					How do these go up?			
	Thank you for the ball!					Which book is about the other dog?			
	They are my friends.					I will play, then eat an apple.			
	Are you in line?					If I go out, I need a coat.			
	Is it on top?					Is this for them?			
	He was on a bike.					There are so many!			
	It was as big as a bear.								
	You have a cup of milk.								
21-40	I have this book from the library.				61-80	This is the way into the school.			
	What were the words?					She has her book.			
	When was he by you?					Some people would like to make cookies.			
	Will you be at the park?					I could write a number.			
	I had my shoes but not my coat.					It is time to look for him.			
	We were all by one tree.					I would like two more books.			
	I can have cookies or chips.					She will go see who has more.			
	Is this your book?					There is no time to play.			

4. 초등영어 교과서에서의 어휘 지도

초등영어 교과서에서 어휘 지도가 명시적으로 이루어지도록 구성된 활동이 많지 않다. 문자 언어 중심 학습이 이루어지는 차시에 파닉스(phoncis) 활동이나 단어 읽고 쓰기 활동이 구성되어 있지만 사실 어휘 학습은 한 단원의 전 차시에 흩어져 있다. 따라서 대화문 듣고 말하기 활동 그리고 대화문이나 글을 읽고 쓰는 활동을 하는 동안 수업의 흐름과 학습자의 필요에 따라 어휘를 적절히 지도하는 것은 교사의 몫이다.

주로 1,2차시의 듣기 말하기 중심의 수업에서 대화문을 듣기 전후에, 그리고 대화문을 말하기 전후에 학습자들에게 내용 이해에 필요한 어휘를 제시하고 연습시킬 수 있다. 또한 3~4학년의 경우 주로 3,4차시 그리고 5~6학년의 경우 주로 4~6차시의 읽기 쓰기 중심의 수업에서 지문을 읽기 전후에 어휘를 제시하고 지도할 수 있다. 예를 들어 대화문 듣기 활동을 하는 경우 어휘 제시와 연습은 다음과 같이 듣기 전 단계와 듣기 후 단계의 일부 활동으로 가능하다.

듣기 전 단계(pre-listening): 대화문의 주요 단어 제시

↓

듣기(listening)

↓

듣기 후 단계(post-listening): 대화문의 주요 단어 연습

대화문을 들려주기 전에 주요 단어를 제시하고 발음과 의미를 지도하면 대화문의 내용 이해에 도움이 된다. 대화문을 듣고 난 뒤에는 단어의 의미를 생각하며 발음을 따라 말하는 연습을 한다. 대화문을 문장 단위로 따라 말하는 연습을 하고 읽기를 지도하는 경우가 많은데 어휘 연습 측면에서는 문장에서 단어를 분리하여 추가로 연

습할 필요가 있다.

읽기 활동을 하는 경우에도 지문을 읽기 전에 단어를 철자와 함께 제시하면 글을 읽고 이해하는데 도움을 줄 수 있다. 앞 차시의 대화문 듣고 말하기에서 음성으로 익힌 단어를 철자와 함께 제시하여 단어를 확인하게 한다. 읽기 활동이 끝난 뒤에는 단어를 문장 속에 넣어 읽는 연습과 문장에서 분리하여 읽는 연습을 각각 추가로 할 수 있다.

Part 7

문법 지도

1. 문법의 중요성

어휘가 의사소통에서 메시지의 내용을 전달하는 중요한 역할을 한다면, 문법[25]은 그 내용의 정확한 의미를 전달하는 역할을 한다. 다음 예문을 보자.

My shirt is dirty. I should get it washed.

이 예문은 말하는 사람이 전달하고자 하는 메시지의 내용을 정확하게 전달해준다. '셔츠가 더러우니 빨아야 겠다'는 메시지가 이 말을 듣는 사람에게 정확하게 전달된다. 그런데 이 예문을

*Dirty is shirt my. Get should I washed it.

또는

*My shirt are dirty. I should get them washed.

---

25) 문법(grammar)은 통사론(syntax)과 형태론(morphology)을 포함한다. 통사 규칙은 단어들을 배열하여 문장을 구성하는 규칙이다. 형태 규칙은 단어의 형태에 대한 규칙이다.

라고 말했다고 가정해보자. 상황 맥락상 메시지의 대략적인 의미는 알 수 있으나 그 의미가 정확하게 전달된다고 보기는 어렵다. 첫 번째 * 예문에는 문장을 구성하는 단어들의 순서가 영어의 통사 규칙(syntactic rule)에 맞지 않는다. 두 번째 * 예문의 경우에는 통사 규칙은 바르게 적용되었으나 문장에서 영어의 단어 형태 규칙(morphological rule)에 맞지 않는 단어 'are'와 'them'이 사용되었다. 특히 'them'이라고 말함으로써 앞에서 말한 'shirt'를 빨아야겠다는 것인지 아니면 다른 옷들을 빨아야겠다는 것인지 그 의미가 정확하지 않은 것이다. 이와 같이 문장의 어순(word order)에 대한 통사 규칙과 단어의 형태 규칙은 영어의 문법 규칙(grammatical rule)에 해당하는 것이며, 예문에서 보듯이 문법 규칙이 잘못 적용되어 말이나 글이 문법적이지 않을 때에는 메시지의 정확한 의미 전달에 문제가 발생한다. 따라서 문법은 어휘와는 다른 성격의 의미 전달에 중요한 언어의 요소라고 할 수 있다. 상황 맥락 단서(contextual clue)를 근거로 하여 의미를 판단할 수도 있으나 상황 맥락의 정보가 충분하지 않거나 유효하지 않은 경우 의미를 명확하게 하는 데에 문법이 필요하다. 즉 문법은 의사소통에서 역할을 하며 바로 이것이 외국어 수업에 문법 지도가 필요한 이유이다.

이렇게 분명해 보이는 문법의 중요성과 문법 지도의 필요성에도 불구하고 외국어 교육 전문가들 사이에 문법 지도에 대해 통일된 견해가 있는 것은 아니다. 문법 지도에 대해서 크게 명시적인 문법 지도가 필요하다는 입장과 불필요하다는 입장이 있다.[26]

우선, 문법 지도가 불필요하다는 입장은 다음과 같은 이유를 근거

---

26) Thornby(2000)는 문법에 대한 찬반 의견을 이와 같이 정리하였다.

로 한다. 첫째, 언어 습득 과정에 대한 연구를 보면 모국어 습득이나 제2언어 습득 과정에서 모두 문법이 명시적으로 가르쳐지지 않음에도 불구하고 성공적으로 언어를 학습한다는 점이다. Chomsky나 Krashen 등 언어 습득의 선천성(innateness)을 강조하는 학자들은 언어 입력이 주어지는 상황에서 학습자는 선천적으로 타고난 언어 습득 장치(LAD, language acquisition devise)를 통해 자연스럽게 언어를 습득한다고 한다. 하지만 이러한 주장은 모국어나 ESL 환경이 아닌 EFL 환경에서는 언어 입력만으로 충분한 학습이 이루어지지 않다는 반론이 있다.

둘째, 언어 습득은 언어에 대한 지식을 습득하는 것이 아니라 언어 사용 능력을 기르는 과정이므로 문법 학습 역시 문법 규칙에 대해 학습하는 것이 중요한 것이 아니며 그 문법 규칙을 의사소통에 사용하는 능력을 기르는 것이 중요하다는 점이다. 즉 문법 규칙을 학습자들에게 설명하고 이해시키는 것이 중요한 것이 아니며 직접 문법이 적용된 언어를 사용하는 과정을 통해 익히게 해야 한다는 설명이다. 그런데 이러한 주장은 사실 엄밀히 말하면, 문법 지도가 완전히 불필요하다는 논리라기보다는 문법 지도를 직접적이고 명시적(explicit instruction)으로 하느냐 아니면 간접적이고 암시적(implicit instruction)으로 하느냐 또는 귀납적인 접근(inductive approach)으로 하느냐 아니면 연역적인 접근(deductive approach)으로 하느냐의 문제 즉 문법 지도 방식에 대한 문제이다.

셋째, 외국어 수업에서 의사소통을 중시하게 되면서 이전의 문법 중심의 교수법들에 대한 반향으로 의사소통식 접근법(communicative approach)[27)]이 생겨났고, 이러한 변화에 따라 외국어 학습에서 문법의 역할이 축소되었다. 의사소통식 접근법에서는 의사소통능력을 외국어 학습의 목표로 삼고 수업도 문법 위주의 연습이 아니라 학습자들이 직접 의사소통에 참여할 수 있는 활동으로 구성한다. 이러한 수업의 특징은 언어의 형태(form)보다는 의미(meaning)를, 그리고 언어 사용의 정확성(accuracy)보다는 유창성(fluency)을 강조한다는 것이다. 그런데 상대적인 강조를 하는데 그치지 않고 의미나 유창성만을 지나치게 강조하여 문법 지도가 불필요하다는 주장은 비판의 여지가 있다.[28] 사실 이러한 주장은 문법과 의사소통이 서로 양립 불가능한 개념처럼 잘못 인식된 것에 기인한다. 앞에서 살펴보았듯이 정확한 의사전달에 문법이 공헌하는 측면이 있는 것이다.

이렇게 문법 지도가 불필요하다는 입장과는 달리, 문법 지도의 필요성에 찬성하는 입장은 다음과 같은 근거를 들고 있다 첫째는, 문법이 문장을 생성하는 장치이므로 문법 지도가 필요하다는 것이다. 언어 학습은 어휘 학습과 규칙의 학습으로 이루어지는데, 많은 수의 어휘를 암기해야 하는 어휘 학습과 달리 규칙 학습은 제한된 수의 규칙을 학습함으로써 무한한 문장을 생성해낼 수 있다. 따라서 외국어 학습에 문법 지도는 필요하다. 예를 들어 '어떤 일을 하고 싶다'

---

27) 의사소통식 접근법의 대표적인 의사소통중심 교수법(communicative language teaching)이나 과업중심 교수법(task-based language teaching)을 보면 언어 형태나 구조에 대한 학습으로 수업을 진행하는 것이 아니라 학습자들에게 의사소통활동이나 과업에 참여하여 언어를 사용하게 한다.

28) 이중 언어 교육(bilingual education)이 이루어지는 몰입수업(immersion)의 부작용이 여기에 해당한다. 학과목이 학습 목표 언어(target language)로 진행되는 몰입수업에서는 수업의 목표가 학과목의 학습이므로 교사는 수업 내용의 전달에 집중하고 학습자와의 상호작용에서도 학습자 언어의 형태보다는 의미에 초점을 두게 된다. 따라서 학습자 발화 오류 특히 문법적 오류에 대한 적절한 피드백이 이루어지지 않고 학습자도 언어의 정확성보다는 내용의 전달 즉 의사소통에 치중하게 된다. 이러한 상황에서 학습자의 언어는 화석화 현상을 보이기도 한다. 이러다 보니 이중 언어 사용자(bilinguals)를 목표로 하는 교육으로 시작하였지만, 학습자들은 목표 언어의 사용자 즉 원어민 수준의 정확성에는 이르지 못하는 문제점이 발생하기도 한다.

라는 메시지를 표현하고자 할 때, 'want'라는 동사 뒤에 'to infinitive'를 사용하여 'want to do'라는 구문을 사용한다는 규칙을 학습하게 되면 그 규칙을 이용하여 원하는 문장을 계속 만들어 낼 수가 있다.

[want + to infinitive]
I want to drink a cup of coffee.
I want to go outside with you.
I want to go to the park.
I want to lie on the grass in the sun.
I want to read a book on this bench.
I want to be alone.

둘째, 문법이 언어 습득에 필요한 입력에 대한 '주목'(noticing)이 일어나도록 도와준다는 주장이다. 학습자가 언어를 습득하기 위해서는 주의를 집중하고 입력의 형태를 주목해야하는데 학습자가 이를 주목하려면 그 형태에 대한 지식을 갖고 있어야 가능하거나 수월해진다는 논리이다. 명사의 복수에 s를 붙이는 규칙을 예로 들어보자. 이 규칙을 배운 학습자는 다음과 같은 입력으로부터 입력의 형태를 더 잘 주목하게 된다.

There are many beautiful flowers at the garden show.

반면 규칙을 배우지 않은 학습자는 위와 같은 문장을 들었을 때 's'를 지각하지 못하고 놓치게 될 가능성이 상대적으로 더 높다.

셋째, 문법을 지도하게 되면 학습자 언어에 화석화(fossilization) 현상이 생기는 것을 막아주게 된다. 화석화란 언어 형태에 주의를 기울이지 못하여 더 이상 정확한 형태로 발달하지 못하고 잘못된 형태로 굳어지는 현상을 의미한다. 언어의 의미가 형태보다 강조되는 학습 상황에서 학습자가 정확하지 못한 표현을 사용하여 의사소통이 이루어지고 이러한 경험이 지속된다면, 학습자는 더 이상 자신의 언어를 정확하게 표현하고자 하는 노력을 중단하게 된다. 학습자의 오류에 대한 적절한 수정이 이루어지지 않고 문법 지도가 이루어지지 않는다면 학습자의 언어는 정확성이라는 측면에서 더 이상 발전하지 못하게 되는 것이다.

1장에서도 잠시 언급하였지만, 외국어 교수법의 역사를 통틀어볼 때 문법 지도에 대해서는 교수법마다 차이를 보여 왔다. 과거 전통적인 문법번역식 교수법(grammar-translation method)이나 청화식 교수법(audiolingual method)에서는 문법을 수업의 중요한 부분으로 다루었다면, 20세기 중반 이후에 의사소통능력이 강조되면서 발달된 자연 접근법(natural approach), 의사소통중심 교수법(communicative language teaching), 과업중심 교수법(task-based language teaching) 등에서는 문법이 수업의 강조점이 아니다. 수업의 초점이 문법에서 의사소통으로 넘어감에 따라 학습자의 문법적 오류에 대한 교사의 인식과 피드백도 이전과는 달라지게 되었다. 문법 중심의 수업에서는 학습자가 문법적 오류를 보일 때 교사가 즉각적인 수정을 하는 반면, 의사소통 중심의 수업에서는 즉각적인 수정을 지양한다. 특히 의사소통 중심의 수업에서 학습자들이 역할 놀이(role-play)나 정보차(information gap) 활동과 같이 의미 전달에 집중하는 활동을 수행할 때 교사가 개입하여 학습자 발화의 문법 오류를 수정하지 않는다. 학습자들이 둘씩 짝을 지어 서로 각자의 그림에서 차이점을 찾아내는 정보 차 활동을 하는 경우를 예로 들어보자. 두 학생은 서로 마주 앉아 상대방의 그림을 보지 못하는 상황이다.

> A: Do you have the tall woman in the picture?
> B: No, I can't see the tall woman.
> A: Okay. Then, tell me about the woman in your picture.
> B: *In my picture, the woman by the window, **he** is short and **he** is holding a **glasses**.

이렇게 학습자 발화에 오류가 생겼을 때 적어도 두 가지 경우가 발생한다. 그 오류가 의사소통에 지장을 주지 않는 경우와 의사소통에 지장을 주는 경우이다. 전자의 경우에는 의사소통활동에 문제가 없으므로 교사가 형태에 대한 피드백을 주지 않아도 이 상황에서 문제가 되지 않는다. 그러나 후자의 경우에는 의사소통을 위해 형태보다 의미를 강조해야 한다는 논리가 설득력을 읽는다. 메시지 전달과 의사소통을 위해 형태보다 의미를 강조하고 정확성보다 유창성을 강조하는 의사소통 중심 수업에서, 정확하지 못한 발화 오류가 의사소통을 저해하는 상황이 발생할 때 형태의 정확성에 대한 지도가 이루어져야 한다는 주장이 설득력 있다.

의사소통 중심의 수업에서도 이와 같이 특정 형태가 의사소통에 지장을 주는 경우가 발생할 때 학습자의 주의를 그 형태에 집중시켜 학습자로 하여금 형태의 오류를 주목하게 해야 한다는 문법 지도에 대한 새로운 접근법을 형태 초점 접근법(focus on form approach) 또는 형태 초점 지도(form-focused instruction)라고 한다. 이 형태 초점 접근법은 이전의 문법 중심 교수법이 문법적 설명과 규칙 적용 연습을 주요 수업 활동으로 했던 것과는 달리, 의사소통 중심의 수업에서 학습자의 주의를 특정 형태에 집중시키는 것으로서 여기에는 다양한 방식이 존재한다. 형태 초점 접근법과 이전의 문법 중심 교수법을 구분하기 위해 후자를 'focus on forms'라고 한다. 형태 초점 접근법의 구체적인 방법에 대해서는 4절에서 살펴본다. 지금까지 외국어 학습에서 문법의 중요성이 어떻게 변화되어 왔는지 그림으로 나타내면 다음과 같다.

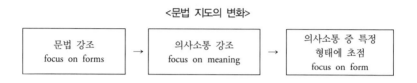

<문법 지도의 변화>

문법 강조 focus on forms	→	의사소통 강조 focus on meaning	→	의사소통 중 특정 형태에 초점 focus on form

2. 문법 지도에서 고려할 사항

2.1 의사소통기능과 관련지어 지도하라

　문법 지도에서 고려해야 할 가장 중요한 사항은 언어 학습에 문법이 중요하지만 문법 자체가 중요한 것이 아니라 의사소통과 정확한 의미 전달에 중요하다는 것을 기억하는 것이다. 앞서 언급하였듯이, 문법은 정확한 의미 전달에 중요하다. 문법은 정확한 의미를 전달하기 위해 문장에 필요한 형태의 단어들을 배열하여 문장을 구성하는 규칙이다. 따라서 규칙을 아는 것 자체가 아니라 이 규칙을 적용하여 의사소통을 하는 것이 중요하다.

　의사소통상황에서 우리는 메시지 전달을 위한 의도를 갖는다. 예를 들어 두 사람이 여름휴가에 대한 대화를 하다가 한 사람이 상대방에게 "I'm planning to go to Taiwan."이라고 말할 때 이 사람의 의도는 '계획 말하기'(making plans)이다. 또 다른 예로, 방안의 공기가 답답하다고 느끼는 사람이 창가에 가까이 앉아있는 사람에게 "Will you open the window?"라고 말할 때, 말하는 사람의 의도는 창문을 열어달라는 '요청하기'(requesting)이다. 이러한 의도를 의사소통기능(function, communicative function)[29]이라고 한다.

위의 예시에서 사용된 문장은 말하는 사람의 의도 즉 의사소통기능을 실현하는 것이라고 볼 수 있다. 첫 번째 예문에서는 [plan + infinitive]라는 문법 규칙이 적용되어 있고 두 번째 예문에는 [will + Subject + Verb]라는 문법 규칙이 적용되어 있다. 그리고 이 문장들에 적용된 문법 규칙 즉 언어 형식(structure)이 다음과 같이 의사소통기능과 관련되어 있다.

<문법과 의사소통기능 간의 관계>

문법 또는 언어 형식 (structure)	의사소통기능 (communicative function)
plan + to infinitive	계획 말하기(making plans)
will + Subject + Verb	요청하기(requesting)

이렇게 문법 또는 언어 형식과 의사소통기능은 밀접히 연관되어 있으며 하나의 언어 표현은 언어 형식과 의사소통기능을 동시에 갖는다. (물론 하나의 문법이 하나의 의사소통기능만 표현하거나 하나

---

[29] 예시에서 언급한 '요청'이외에도 다음과 같이 다양한 '의사소통기능'이 있다. 초대하기(inviting), 제안하기(making suggestions), 충고하기(advising), 인사하기(greeting), 소개하기(introducing), 비교하기(comparing).

의 의사소통기능이 하나의 문법으로만 나타나는 것은 아니다.) 위의
예시에서, "Will you open the window?"라는 언어 표현은 "will +
Subject + Verb"라는 언어 형식과 "요청하기"라는 의사소통기능을
동시에 갖는다. 하나의 언어 표현으로부터 언어 형식과 의사소통기
능을 서로 분리하기는 불가능하다.

이런 의미에서 언어 형식과 의사소통기능을 동전의 양면으로 비
유하기도 한다. 따라서 교사가 어떤 언어 형식 즉 문법을 지도할 때
는 그 문법이 실현된 예시문 즉 언어 표현과 그것이 의도하는 의사
소통기능을 함께 지도해야 한다. '어떤 의사소통기능을 표현하기 위
해 이 문법을 사용하는지'를 학습자가 이해하고 알도록 지도하는 것
이 바람직한 문법 지도라는 의미이다. 다음 예시에서 이 의미는 더
욱 분명하다. 어느 날 식당의 주방에서 접시가 깨졌다. 이 하나의 사
건을 두고 두 사람은 아래와 같이 각각 다르게 보고하였다.

The boy broke the dish again.
The dish is broken again.

두 문장의 문법적인 차이는, 첫 번째 문장은 능동태(active voice)
문법규칙이 적용된 것이고 두 번째 문장은 수동태(passive voice) 규
칙이 적용된 문장이라는 것이다. 두 문장을 말하는 화자는 각각 어
떤 의도를 가지고 있는가? 첫 번째 문장에서는 접시를 깨뜨린 사람
이 누구인지 알 수 있지만, 아래 문장에서는 접시가 깨진 사건만 알
수 있을 뿐 누가 깨뜨렸는지는 알 수 없다. 즉 첫 번째 화자와 달리
두 번째 화자는 접시를 깨뜨린 사람이 누구인지 밝히고 싶지 않은
것이다. 아마 접시를 깨뜨린 젊은이가 또 야단맞는 것을 보고 싶지

않아서인지 모른다.

이 예시에서 알 수 있는 것은 화자의 의도에 따라 다른 언어 형식을 선택하여 말할 수 있다는 것이다. 이와 같이 문법을 지도할 때는 의사소통 상황에서 학습자가 의사소통기능에 맞게 문법을 사용할 수 있도록 둘을 관련지어 지도하는 것이 학습자의 언어 사용에 도움이 된다.

2.2 듣고 말하고 읽고 쓰면서 문법을 사용하게 하라

문법을 학습하는 이유는 메시지를 정확하게 이해하고 전달하기 위해서이다. 그러므로 듣고 말하고 읽기 쓰면서 의사소통을 하는 동안 문법을 정확하게 사용하도록 수업이 이루어져야 한다. 학습되어야 할 문장에 적용된 문법을 그 문장을 듣고 말하고 읽기 쓰는 활동을 하면서 충분히 익히게 하는 것이다. 의사소통활동에서 적극적으로 학습한 문장을 사용하며 다양한 의사소통상황에 문법 규칙을 정확하게 적용하는 경험을 쌓으면서 그 문법 규칙을 내면화하고 자동화하도록 지도해야 한다.

3. 문법 지도 방법

기존의 외국어 교수법들은 문법 지도 방식에 차이를 보인다. 문법 번역식 교수법(grammar-translation method)은 텍스트의 독해와 번역을 수업의 주요 활동으로 하며 문법 규칙에 대한 설명(grammatical explanation)과 문법 적용 연습을 통해 문법을 지도한다. 청화식 교수법(audioligual method)은 대화문의 문장을 듣고 따라 하는 방식을 통해 문장 구조(sentence structure)를 학습하게 한다. 문법 자체보다 의사소통능력을 중시하는 의사소통중심 교수법(communicative language teaching)이나 과업중심 교수법(task-based language teaching)에서는 학습자들이 의사소통활동이나 과업을 수행하면서 언어를 사용하는 동안 무의식적으로 자연스럽게 문법을 습득하게 하는 방식이다. 문법 지도 측면에서 의사소통중심의 교수법을 보완하는 형태 초점 접근법(focus on form approach)은 의사소통의 흐름을 방해하는 언어 형식에 학습자의 의식을 집중시키는 방식으로 지도한다. 이 절에서는 서로 상반되는 문법 지도 방향의 특징을 중심으로 구체적인 문법 지도 방법을 알아보자.

3.1 연역식(deductive) 접근법과 귀납식(inductive) 접근법

문법 지도는 그 방향에 따라 두 가지로 구분된다. 문법 사항 'how many'와 'how much'를 가르치는 경우를 생각해보자. 우선 문법 규칙과 규칙에 대한 설명을 먼저 제시한 뒤에 이 규칙을 적용하는 연습 문제를 풀게 하는 방식이 있다.

how many + countable noun	how much + uncountable noun

위와 같이 문법 규칙을 먼저 제시하고 "갯수를 물어 볼 때는 how many, 양을 물어 볼 때는 how much를 사용한다."라고 설명을 한 뒤

에 다음 연습 문제를 풀어보며 문법 규칙을 학습하게 하는 것이다. 이렇게 먼저 규칙을 제시하는 방식을 연역식 접근법(deductive approach)이라고 한다.

Check if the sentence is grammatically correct or not.	Check if the sentence is grammatically correct or not.
1) How many books are in the shelf? 2) How many time do you need? 3) How many cookies did you eat? 4) How many hours of TV do you watch a day?	1) How much sugar is in coke? 2) How much candles do you need? 3) How much sandwiches did you eat? 4) How much time do you spend watching TV?

또 한 가지 방법은 문법 규칙을 먼저 제시하고 설명하는 것이 아니라 다음과 같이 실제 문장을 말이나 글로 제시하여 학습자들로 하여금 스스로 규칙을 익히게 하는 것이다. 이러한 방식을 귀납식 접근법(inductive approach)이라고 한다.

> T: How many books do you read a month?
> How many candles do you need?
> How much wine do you drink a week?
> How much water should you drink a day?

문법 규칙이 복잡한 경우에는 귀납식 접근법보다 연역식 접근법이 학습에 효과적일 수 있다. 일반적으로 연역식 접근법은 성인 학습자에게, 귀납식 접근법은 아동 학습자에게 적용된다. 문법번역 교수법은 연역식, 청화식 교수법은 귀납식 접근법에 해당한다.

3.2 명시적(explicit) 지도와 암시적(implicit) 지도

명시적 지도는 연역식 접근법처럼 학습자들에게 문법 규칙을 제시하고 이를 직접적으로 가르치는 방식이다. 명시적 지도에서는 학습자들이 수업의 명시적인 목표가 문법에 있으므로 자신이 어떤 문법 항목과 규칙을 학습하는지 분명히 알 수 있으며, 언어를 규칙 체계로 인식하고 목표어 학습에 분석적으로 접근하게 한다.

반면 암시적 지도는 수업의 명시적인 목표가 문법이 있지 않으며, 다른 언어 활동을 하는 동안 문법이 학습되도록 하는 방식이다. 해당 문법 규칙이 예문을 통해 학습자들에게 제시된다는 점에서 귀납식 접근법과 유사하다. 암시적 접근법은 학습자가 해당 문법에 의식적인 주의를 기울이지는 않지만 듣기, 말하기, 읽기, 쓰기 등의 언어 활동을 경험하는 동안 자연스럽게 그 문법을 학습할 수 있는 기회를 제공한다.

어휘 지도와 마찬가지로 우리나라 영어 교육과정에서는 (의사소통기능을 강조하므로) 문법 또는 언어 형식(structure)에 대해 명시적으로 지도하라는 언급이 없으며, 이에 따라 초등 영어 교과서 및 지도서에서도 문법 및 언어 형식에 대한 명시적인 지도 내용이 전반적으로 부족하다. 그렇다고 해서 문법을 지도하지 말하는 의도는 아니다. 과거 문법 중심 수업에서처럼 문법 규칙에 대한 지식을 전달하고 문법 규칙을 적용하는 연습에 치중하지 말라는 의도이다.

초등영어에서의 문법 또는 언어 형식에 대한 지도는 직접적인 방식으로 이루어지지 않더라도 간접적인 방식으로 얼마든지 이루어질 수 있다. 초등영어 수준에서는 복잡한 문법 규칙이 다루어지지 않으므로 간접적이고 암시적인 방식으로 충분히 다루어질 수 있다.

3.3 청화식 문형 연습(sentence pattern drill)

청화식 교수법은 문장 구조 즉 문장 패턴(sentence pattern)을 대화문을 통해 들려주고 반복하여 따라 말하게 하는 방식으로 문법을 지도한다. 문장 패턴을 익히는 다양한 강도 높은 연습을 집중적으로 하게 하여 그 문장 패턴을 자동적으로 사용할 수 있도록 하는 것이 수업의 목표이다. 여기에는 몇 가지 유형이 있다.

1) 반복 연습(repetition drill)

목표로 하는 문장 패턴을 학습자가 혼자 말할 수 있을 때까지 그 문장을 반복하여 들려주고 따라 말하게 하는 연습 유형이다. 다음은 현재 완료 진행을 표현하는 [have + been + VERB+ing] 문장 패턴을 연습하는 예이다.

> T: I've been waiting for two hours.
> Ss: I've been waiting for two hours.

하나의 문장을 여러 번 반복하는데 그 순서는 다음과 같다.

교사의 시범
↓
반 전체가 반복한다.
↓
그룹이 순서대로 반복한다.
↓
개별 학생이 반복 한다.
↓
반 전체가 반복한다.

2) 대체 연습(substitution drill)

반복 연습을 통해 문장 패턴이 충분히 연습이 되면 그 다음엔 대체 연습을 통해 그 문장 패턴을 강화하는 연습을 한다. 동일한 문장 패턴을 유지하고 '문장의 자리'(slot)를 채우는 어휘를 대체한다.

> T: I've been waiting for two hours.
> Ss: I've been waiting for two hours.
> T: I've been reading for two hours.
> Ss: I've been reading for two hours.
> T: I've been driving for two hours.
> Ss: I've been driving for two hours.
> T: Walk.
> Ss: I've been walking for two hours.
> T: Eat.
> Ss: I've been eating for two hours.
> T: Thirty minutes.
> Ss: I've been eating for thirty minutes.

3) 변형 연습(transformation drill)

이전 두 유형의 연습을 통해 새로 학습한 문장 패턴이 충분히 학습되면 다른 문장 패턴으로 변형하는 연습을 한다. 대체 연습이 문장을 구성하는 어휘를 다른 어휘로 교체하는 것이라면 변형 연습은 문장의 어순을 바꾸거나 언어의 형태를 교체하는 등 문법적인 요소를 변형하는 연습이다. 다음은 주어와 조동사의 형태를 바꾸는 연습이다.

> T: I've been waiting for two hours.
> Ss: I've been waiting for two hours.

T: He's been waiting for two hours.
Ss: He's been waiting for two hours.
T: She's been waiting for two hours.
Ss: She's been waiting for two hours.
T: They.
Ss: They've been waiting for two hours.
T: The teacher.
Ss: The teacher has been waiting for two hours.

아래는 평서문을 의문문으로 바꾸는 등 어순을 바꾸는 연습이다.

T: I've been waiting for two hours.
Ss: Have I been waiting for two hours?
T: He's been waiting for two hours.
Ss: Has he been waiting for two hours?
T: He's been looking for his dog.
Ss: Has he been looking for his dog?
T: She's been singing this song.
Ss: Has she been singing this song?

3.4 형태 초점(focus on form)접근법

형태 초점 접근법에는 해당 언어 형태에 주목시키는 방식에 따라 몇 가지 유형이 있는데, 이 중 두 가지 유형을 알아보자.

1) 입력 강화(input enhancement)

입력 강화 방법은 듣기나 읽기 입력을 제공할 때 목표로 하는 하나의 언어 형태를 강화하여 제공하는 것이다. 수업 목표로 선정된 하나의 문법 항목에 해당하는 입력 부분을 강화를 하는 것이다.

먼저 듣기 입력을 제공할 때는 목표 문법 항목의 발음을 강화한
다. 예를 들어 강세를 두거나 음높이를 높일 수 있다. 만일 과거 시
제를 목표로 한다면 진하게 표시된 단어들에 강세(stress)를 두거나
음높이(pitch)를 높여서 발음하며 들려준다. 다음은 *Gingerbread Man*
이야기의 첫 부분이다.

Once upon a time, a lady **made** a cookie.
When she **opened** the oven door, out **jumped** the cookie.
Away he **ran**.
"Stop!" **cried** the lady.
But the cookie just **laughed**.

만일 규칙 동사의 과거형에 **ed**를 붙이는 규칙의 학습을 목표로 한
다면 동사의 진하게 표시된 음절에 강세를 두거나 음높이를 높여서
발음하며 들려준다.

Once upon a time, a lady made a cookie.
When she open**ed** the oven door, out jump**ed** the cookie.
Away he ran.
"Stop!" cri**ed** the lady.
But the cookie just laugh**ed**.

이렇게 음성 언어 자료 입력에 특별한 강세를 두거나 음높이를 높
이는 방식으로 입력을 강화함으로써 목표로 하는 형태에 학습자가
주목하도록 하는 것이다. 듣기 입력을 강세나 음높이로 강화하는 것
으로 부족하다면 추가적인 단서를 제공한다. 예를 들어 그 부분 바
로 앞에서 잠깐 멈추었다가 말을 잇거나 말의 크기(loudness)를 더

크게 또는 속도(speed)를 느리게 조절할 수 있다. 또는 그 부분을 발음하여 들려줄 때 손짓이나 작은 깃발을 이용하여 시각적인 신호를 제공할 수도 있다.

읽기 입력을 제공할 때는 텍스트의 해당 문법 부분에 구분 표시를 한다. 텍스트에서 그 부분을 다른 색으로 표시하거나 그 부분의 글자 크기를 확대하여 강조하는 방법이 있다. 다음은 [대교출판사 6학년 영어 Reading Time 6]의 읽기 자료에 입력 강화를 적용한 것이다. 이 읽기 자료에서 문법 지도 항목은 'be going to'이다. 이와 같이 하나의 언어 형태를 한정하여 입력을 강화함으로써 학습자의 주의가 자연스럽게 그 형태에 쏠리고 그 형태를 지각하게 하는 것이 의도이다.

A Letter to Daddy-Long-Legs

Dear Daddy-Long-Legs,

This summer is very beautiful.
I can see many beautiful flowers.
Do you like summer?
I like summer because I have summer vacation.
I'm going to write a story this vacation.
I'm going to go on a trip to London.
Are you **going to** take a vacation this summer?
What **are** you **going to** do this summer?
Ah, my friend is calling me.
I'm going to have dinner with her tonight.
I will write again soon.

Yours,
Judy

이와 같이 형태 초점 접근법으로서의 입력 강화는 언어 형태의 학습을 위해 문법 규칙을 설명하거나 규칙 적용 연습을 하게 하기보다는 입력을 제공할 때 '언어 형태에 주의를 집중'(focus on form)하게 하는 것이다.

2) 딕토글로스(dictogloss)

딕토글로스는 문장이나 글을 교사가 읽어준 뒤 학습자들이 그 문장이나 글을 만들어 써보게 하는 방법이다. 학습자들은 교사가 문장이나 글을 읽어줄 때는 이를 받아쓸 수 없고 다 듣고 난 뒤에 문장이나 글을 기억하여 다시 써야 한다. 문장이나 글을 그대로 받아 적는 것은 허용되지 않지만 주요 단어를 메모하는 것은 허용된다. 메모한 단어들을 단서로 하여 들은 문장이나 글을 만들어낼 때 학습자들은 문법을 적용하게 된다. 즉 들은 내용을 상기하면서 단어들을 배열하여 문장을 만들어내게 되는데 바로 이때 학습한 문법이 적용되는 것이다. 받아쓰기를 의미하는 'dictation'과 용어 사전 또는 어휘 목록을 의미하는 'glossary'가 혼합된 이 방법의 이름은 문장이나 글을 그대로 받아쓰는 것이 아니라 주요 단어들을 받아 적는 이 방법의 특징을 잘 반영한다.

받아 적는 것은 어휘이지만 학습자들이 연습하는 것은 문법 분야이므로 이 딕토글로스는 일반적으로 '듣기'와 '문법'을 혼합하여 지도하는 방법으로 사용된다. 딕토글로스는 개별 활동(individual work)이나 그룹 활동(group work)으로 수업이 가능하다. 수업 목표인 언어 형태가 [verb + object + with + person]인 경우 다음과 같이 그룹별로 지도할 수 있다.

단계 1: 활동 순서를 알려준다. 교사는 이야기를 두 번 들려주겠
다고 알려준다. 첫 번째 읽어줄 때는 듣기만 하고 두 번
째 읽어줄 때는 메모를 하라고 지시한다.

단계 2: 교사가 글을 천천히 읽어 준다. 학생들은 내용에 유의하
며 듣도록 한다.

I love my mother.
She makes cookies with me.
I love my father.
He reads books with me.
I love my brother.
He plays games with me.

단계 3: 교사가 글을 다시 읽어 준다. 이번에는 학생들이 주요 단
어를 메모하도록 한다. 문장을 받아 적지 않도록 한다. 학
생들은 아래와 같이 메모할 수 있다. 메모는 개별적으로
한다.

---

1. *mother   cookies*
2. *father   books*
3. *brother   games*

단계 4: 학생들이 그룹을 지어 글을 문장으로 완성하도록 한다.
각자 메모한 단어들을 보며 단어들의 순서에 유의하며

문장을 완성한다.

단계 5: 그룹별로 완성한 글을 발표한다. 발표 시 실물 화상기 (visual presenter or document camera)를 이용하면 모든 그룹의 학생들이 신속하게 발표하고 서로의 글을 비교할 수 있다.

단계 6: 교사는 학생들의 글과 원문을 비교하며 문법 사항을 확인한다.

4. 초등영어 교과서에서의 문법 지도

초등영어 교과서에서 문법 지도는 별도의 활동으로 제공되지 않는다. 교과서를 이용한 수업에서 문법 지도는 듣기, 말하기, 읽기, 쓰기 활동 중에 간접적으로 지도할 수 있다. 수업 활동을 하면서 학습하는 문장의 어순이나 단어의 형태에 유의하여 문장을 듣고, 말하고, 읽고, 쓰도록 지도한다. 교과서에 별도의 문법 활동이 없는 경우라도 학습자들의 언어 사용을 관찰하고 지도한다. 필요한 경우 이 장에서 공부한 다양한 문법 지도 방법을 적용하여 학습자들이 문법을 학습하여 정확한 의사소통을 하도록 가르친다.

참고문헌

김경한, 김정옥, 김현진, 나경희, 오마리아, 이동주, 이상기, 이영주, 임정완, 최윤희. (2015). *영어교과교육 핵심 의사소통활동책.* 한국영어교과교육학회총서 3. 서울: 한국문화사.

김현진. (2000). 과정중심의 초등영어 쓰기지도책략. *초등영어교육, 6*(2), 123-146.

양은미, 이정원, 전영주, 김현진, 허근, 이상기, 하명정, 정숙경, 김경한, 김정태, 이효신. (2014). *영어 수업지도안 작성의 이론과 실제.* 한국영어교과교육학회 총서 2. 서울: 한국문화사.

이재근, 김현진, 하명애, 김성식, 김은주, 권민지, 윤경진, 김동연, 윤선아, 박연경. (2014). *3~4학년군 영어 지도서 ②. Teachers' guide 4.* 서울: 대교출판사.

이재근, 권민지, 김은주, 정은숙, 윤경진, 김동연, 서미옥, 민경선, 박연경, 윤호준, 최은수. (2015). *5~6학년군 영어 지도서 ②. Teachers' guide 6.* 서울: 대교출판사.

Allen, R. V. (1961). *Report of the reading study project, monograph no. 1.* San Diego: Department of Education, San Diego Country.

Bitterlin, G., Hampson, N., & Howard, L. (1992). *Teacher training through video: Dialogue/drill.* White Pains, NY: Longman.

Bitterlin, G., & McMullin, M. (1992). *Teacher training through video: Role play.* White Pains, NY: Longman.

Bittinger, J. (1993). *The art of teaching ESL.* Reading, MA: Addison-Wesley.

Brown, H. D. (2001). *Teaching by principles.* White Plains, NY: Longman.

Cross, D. (1999). *A practical handbook of language teaching.* Essex: Longman.

Emig, J. (1971). *The composing processes of twelfth graders.* Champaign, IL: National Council of Teachers of Education.

Halliwell, S. (1992). *Teaching English in the primary classroom.* London: Longman.

Heald-Taylor, G. (1991). *Whole language strategies for ESL students.* San Diego: Dominie press.

Howard, L., McMullin, M., & Savage, K.L. (1992). *Teacher training through video*: *Language experience*. White Plains, N. Y.: Longman.

Howard, L., & Savage, K.L. (1992). *Teacher training through video: Information gap*. White Pains, NY: Longman.

Krashen, S.D., & Terrell, T.D. (1983). *The natural approach: Language acquisition in the classroom*. San Francisco: Alemany.

Kupperstein, J. (1997). *Learn to read. Resource Guide*. Cypress, CA: Creative Teaching Press.

Linse, C.T. (2006). *Practical English language teaching: Young learners*. New York: McGraw Hill.

Nation, I.S.P. (2003). Vocabulary. D. Nunan (Ed.), *Practical English language teaching* (pp. 129-152). Boston: McGraw Hill.

Nunan, D. (Ed.). *Practical English language teaching*. Boston: McGraw Hill.

Peregoy, S., & Boyle, O. (2001). *Reading, writing & learning in ESL: A resource book for K-12 teachers*. New York: Addison-Wesley Longman.

Phillips, S. (1993). *Young learners*. Oxford: Oxford University Press.

Ranii, C. (1993). *Teacher training through video: Total physical response*. White Pains, NY: Longman.

Schotmann, E. (1989). *Addison-Wesley big book program: Whole language activities for early childhood. Level A*. Reading, MA: Addison-Wesley.

Sokolik, M. (2003). Writing. D. Nunan (Ed.), *Practical English language teaching* (pp. 87-108). Boston: McGraw Hill.

Spratt, M., Pulverness, A., & Williams, M. (2005). *The teaching knowledge test course*. Cambridge: Cambridge University Press.

Thornby, S. (2000). *How to teach grammar*. New York: Pearson.

Walter, T. (1996). *Amazing English: How-to handbook*. New York: Addison-Wesley.

Williams, R. L. (1994a). *I can write. Learn to read*. Cypress, CA: Creative Teaching Press.

Williams, R. L. (1994b). *Under the sky. Learn to read*. Cypress, CA: Creative Teaching Press.

Willis, J. (1996). *A framework for task-based learning*. Essex: Longman.

Xu, S. H. (2010). *Teaching English language learners: Literacy strategies and resources for K-6*. New York: Guilford.

찾아보기

김현진

청주교육대학교 영어교육과 교수

고려대학교 영어교육과 졸업
고려대학교 대학원 영어교육전공 박사
현대영어교육학회 부회장
PAAL(범태평양응용언어학회) 학회장
초등영어교육학회 편집위원
EBS 수능완성 감수

저역서

주제중심 통합 영어교육(도서출판 동인)
드라마를 활용한 영어교육(도서출판 동인)
영어 수업지도안 작성의 이론과 실제(한국문화사)
영어교과교육 핵심 의사소통 활동책(한국문화사)
영어교육 연구방법(한국문화사)
영어교육의 이해(한국문화사)
코퍼스로 길들이는 전치사(한빛문화사)
영어교육입문(박영사)
영어학습전략(교보문고)

삽화: 이상아(스토니브룩 대학교)

초등영어
어떻게 가르칠까?

초판인쇄 2017년 3월 2일
초판발행 2017년 3월 2일

지은이 김현진
펴낸이 채종준
펴낸곳 한국학술정보㈜
주소 경기도 파주시 회동길 230(문발동)
전화 031) 908-3181(대표)
팩스 031) 908-3189
홈페이지 http://ebook.kstudy.com
전자우편 출판사업부 publish@kstudy.com
등록 제일산-115호(2000. 6. 19)

ISBN 978-89-268-7866-8 93370